The Rhine

from Mainz to Cologne

El Rin

desde Maguncia hasta Colonia

rahmelverlag
deutschlandkultur. entdecken!

THE SITES AND PLACES OF INTEREST SHOWN WITH * REPRESENT WORLD HERITAGE SITES OF THE UPPER MIDDLE RHINE VALLEY.

LOS LUGARES Y MONUMENTOS MARCADOS CON * FORMAN PARTE DEL PATRIMONIO DE LA HUMANIDAD DEL ALTO VALLE CENTRAL DEL RIN.

Contents

Índice

◂ **Katz Castle with the Loreley – *Castillo Katz en la Loreley***

The Rhine
from Mainz to Cologne
El Rin
desde Maguncia hasta Colonia

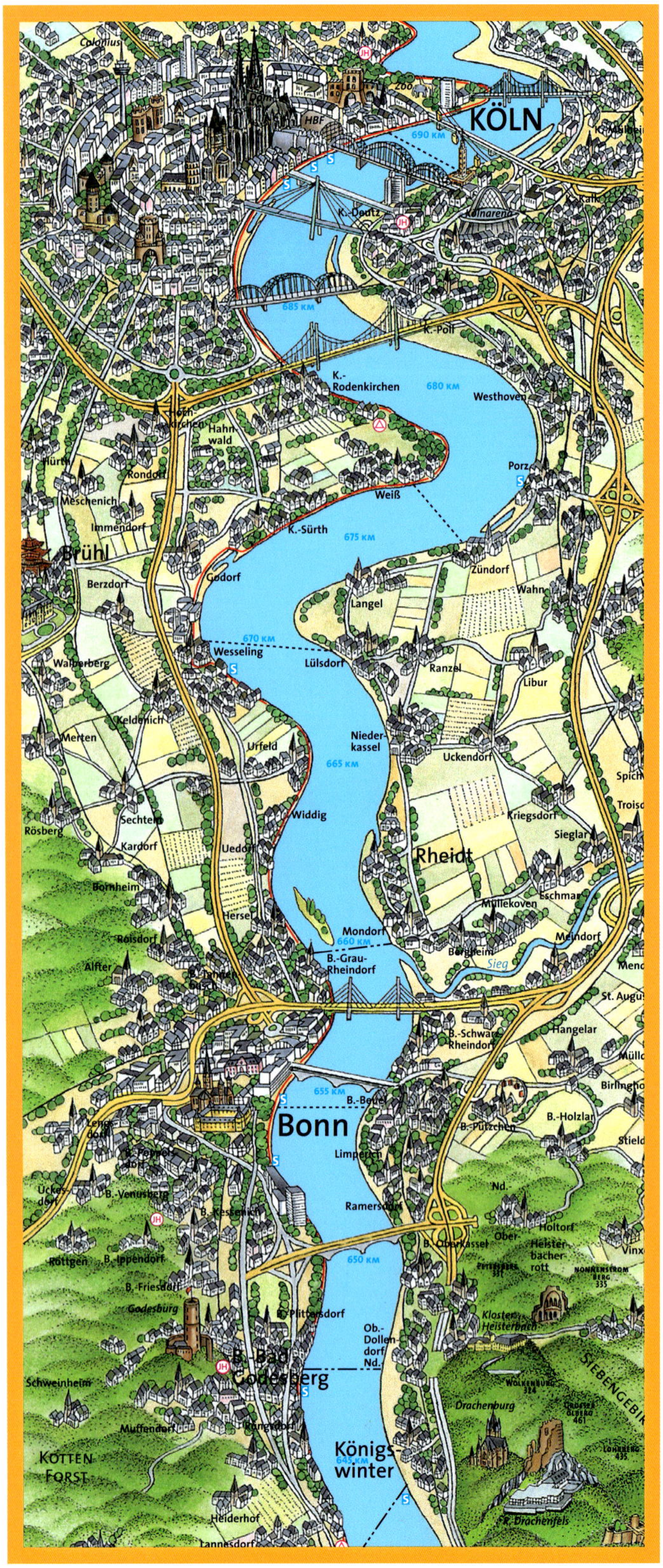

Mosel
Koblenz
Neuen-dorf
Lützel
Deutsches Eck
Urbar
Niederberg
Ehrenbreitstein
Arzheim
Pfaffendorf
Lay
Königsbach
Horchheim
Burg Lahneck
Friedland
Lahnstein
R. Stolzenfels
Ober-
Rhens
Brey
Braubach
Marksburg
Hünenfeld
Schauren
Siebenborn
Jakobsberg
Nieder-Spay
Ober-
Filsen
Osterspai
Schloß Liebeneck
Boppard
Kamp-Bornhofen
Burg Sterrenberg
Burg Liebenstein
Staatsforst Boppard
Buchenau
Weiler
Bad Salzig
Lykershausen
Dahlheim
Kestert
Prath
Weyer
Hirzenach
Burg Maus
Nochern
Ehrenthaler-werth
Ehrenthal
Liersheid
Holzfeld
Werlau
Burg Rheinfels
Burg Katz
Patersberg
St. Goar
St. Goarshausen
Staatsforst Sankt Goar
Biebernheim
Loreley Statue
Urbar
Niederburg
Die 7 Jungfrauen
Bornich
Oberwesel
Tauber Werth
Dörscheid
Weisel
Burg Gutenfels
R. Schönburg
Kaub
R. Sauerburg
Sauerthal
Die Pfalz
Langscheid
Kauber Werth
Burg Stahleck
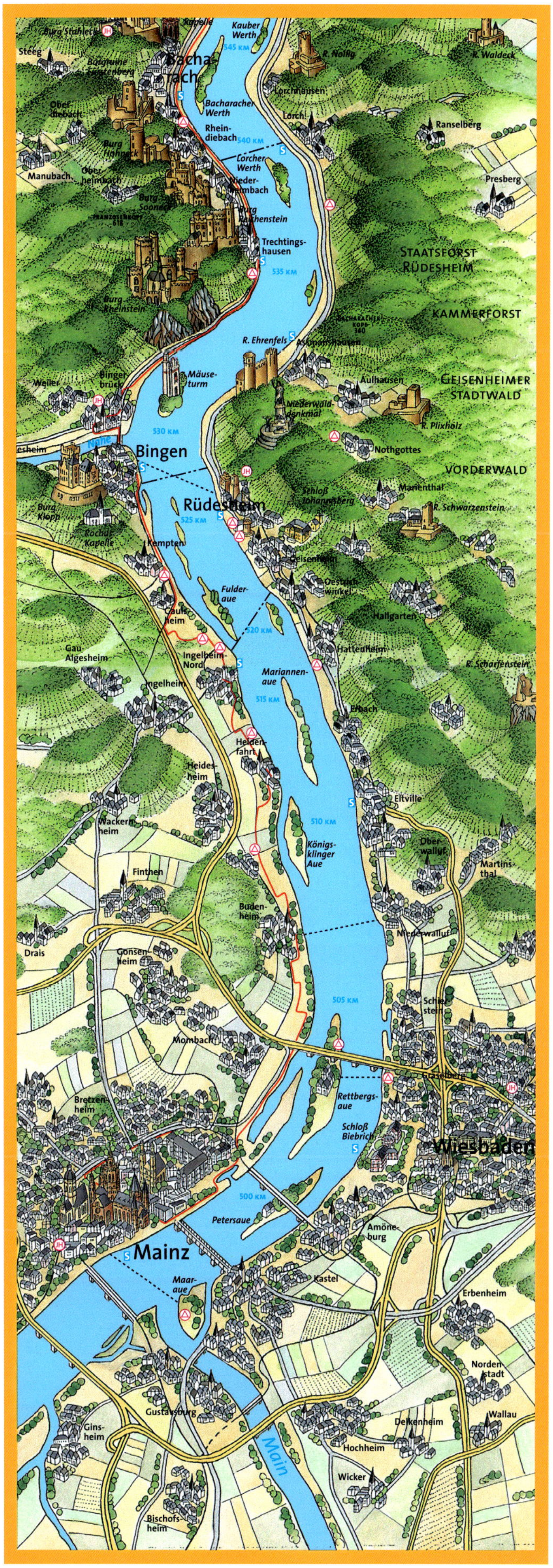
Burg Stahleck
Kauber Werth
Bacharach
Bacharacher Werth
Rheindiebach
Lorchhausen
Lorch
Ranselberg
Presberg
Manubach
Lorcher Werth
Niederheimbach
Burg Reichenstein
Trechtingshausen
Staatsforst Rüdesheim
Kammerforst
Burg Rheinstein
R. Ehrenfels
Assmannshausen
Mäuseturm
Aulhausen
Geisenheimer Stadtwald
Bingerbrück
Niederwald Denkmal
Nothgottes
Bingen
Rüdesheim
Vorderwald
Marienthal
Burg Klopp
Rochuskapelle
Kempten
Schloß Johannisberg
Geisenheim
Oestrich-Winkel
Fulderaue
Hallgarten
Gaulsheim
Gau-Algesheim
Ingelheim Nord
Hattenheim
Mariannenaue
Ingelheim
Erbach
Heidenfahrt
Heidesheim
Eltville
Wackernheim
Königsklinger Aue
Oberwalluf
Martinsthal
Finthen
Budenheim
Niederwalluf
Drais
Gonsenheim
Mombach
Schierstein
Bretzenheim
Rettbergsaue
Schloß Biebrich
Wiesbaden
Petersaue
Mainz
Amöneburg
Kastel
Maaraue
Erbenheim
Gustavsburg
Nordenstadt
Ginsheim
Main
Delkenheim
Wallau
Hochheim
Wicker
Bischofsheim

Unique RHINE VALLEY – Secretive and Incomparably Beautiful

A magical power emanates from Europe's largest river. Poets, painters, artists and writers have always had a preference for travelling along the "golden Father Rhine", joyfully serenaded it, praised it in poetry and verse, gave their souls free reign during a boat trip or over a good glass of wine in one of the numerous inns along the river's banks. "A real picture of a landscape!" – enthused the poet and philosopher Friedrich Schlegel for example during a trip on the Rhine from Cologne to Koblenz, Bingen and Mainz through to Switzerland in 1804. A short time later Clemens of Brentano and Heinrich Heine created the character of the long blond curly haired virgin "Lore von der Ley", the present day "Lorelei", a myth that has kept alive through to the modern age. Today it is primarily tourism, catering and winegrowing that determines business on both sides of the Rhine.

As the Romans reached the Rhine around 55 BC, they established locations in Mainz, Boppard and Koblenz.

EL VALLE DEL RIN – Único y misterioso, de belleza incomparable

El Rin es uno de los ríos más caudalosos e importantes de Europa, del que mana una fuerza mágica que han sabido captar numerosos poetas, artistas, pintores y poetas. "El dorado padre Rin" siempre ha sabido inspirar a creadores y visitantes, obsequiándole con poesías y versos, mientras dejaban volar su espíritu navegaban en sus aguas o degustaban uno de sus excelentes vinos en las numerosas tabernas que serpentean sus orillas. "La viva imagen de un paisaje ideal" así por ejemplo la alababa el poeta y filósofo Friedrich Schlegel con motivo de su viaje navegando por el Rin en el año 1804 desde Colonia a Coblenza, de Bingen a Maguncia, hasta subir a Suiza. Poco después Clemens von Brentano y Heinrich Heine quedaron prendados de la figura mítica y legendaria de la joven de las trenzas doradas "Lore von der Ley", que ha pasado a ser conocida en la era moderna como "Loreley", todo un mito milenario que ha sobrevivido hasta nuestros días. La actividad principal a ambos orillas del Rin viene determinada por el turismo,

Rheinstein Castle
Castillo Rheinstein

The Roman troops along the limes in the Westerwald and Taunus were also supplied from the river. The Rhine, the most highly trafficked river in Central Europe, is a unique nature and culture monument. Since June 2002 the narrow valley of the upper Middle Rhine between Bingen and Koblenz has been part of UNESCO's world heritage. This was also due to the unique interplay of exemplary nature and the traces of all kinds of different eras of human influence.

And mighty fortifications, castles and palaces of incredible beauty sit enthroned above all this. It is thanks to the Rhine Romantic Movement that the fortified buildings along the powerful river, increasingly threatened with rack and ruin

la gastronomía y la vinicultura. Cuando los romanos conquistaron alrededor del año 55 a. C. las tierras del Rhin, fundaron ciudades como Maguncia, Boppard o Coblenza. Fueron asímismo las tropas romanas las que navegaron por el Limes através de Westerwald y Taunus. El Rin que ofrece una navegación fluvial muy segura en pleno corazón europeo, ha sido designado patrimonio cultural y natural protegido. Desde junio de 2002 el estrecho Valle del Rin Central entre Bingen y Coblenza pertenece al patrimonio universal de la UNESCO. De esta forma se reconoce la simbiosis entre su espléndida naturaleza y las huellas que han dejado el paso diferentes civilizaciones antiguas. Talla su lecho impresionantes castillos, monasterios y fortalezas que coronan de belleza ambas orillas. El Rin nos remonta al Romanticismo y gracias a él se mantienen las construcciones de la Edad Media que amenazaban con derrumbarse, brillando con nuevo fulgor. Además, este valle siempre ha rebosado mucha vida, por la actividad ejercida por comerciantes, pescadores,

Mainz Cathedral
Catedral de Maguncia

The Loreley Valley – ***Valle de la Loreley***

during the Mediaeval Ages, shone in new found glory. People lived along the large river as traders, fishermen, millers, toll collectors or pilots. For a long time the archbishops of Cologne, Mainz and Trier determined their well being. And times were not always peaceful – on and along the Rhine. From up above on their safe mountains, the lords and rulers of the fortified buildings tended to lead a violent life ruled by jungle law. Princes levied tolls, robber

molineros, aduaneros y prácticos. Sus destinos fueron guiados durante décadas por los Arzobispos de Colonia, Maguncia y Tréveris, y no siempre reinó la paz en el seno del Rin. Los dueños y señores de los fuertes amurallados gustaban de la vida violenta, ejercida desde las alturas montes que les cobijaban, imponiendo la ley del más fuerte. Los Príncipes exigían portazgos y los bandoleros secuestraban a comerciantes solicitando rescates en metálico mientras dejaban sonar atronadores cañonazos desde sus torres defensivas. Las expediciones militares que cruzaban el Rin estaban compuestas por Generales, Reyes y Emperadores, expoliando a los habitantes, arrastrando y desplazando a los detenidos hasta las zonas de interior, o como en el caso del General prusiano Blücher, replegando a las tropas del emperador Napoleón hasta devolverlas a tierras francesas. Si el Rin pudiera contar todo lo que ha visto, necesitaría varias vidas para poder contar la historia entera.

Estos gobiernos despóticos que se impusieron sobre el Rin los bandoleros en la Edad Media, llevó a serias desavenencias con la Liga de Municipios del Rin. A finales del siglo XIII sus tropas a las órdenes del Rey Rudolf von Habsburg conquistaron la mayoría de las fortalezas de los bandoleros del Rin Central, aniquilando a aquellos bandidos a caballo no arrepentidos y destrozando sus construcciones defensivas. Sin embargo pasados algunos siglos volvieron a incendiarse algunos castillos, reimplantándose también el abusivo sis-

Katz Castle
Castillo Katz

barons captured merchants, extorted ransoms, let loose the thunderous sound of canon fire from their defiant castles. Generals, kings and emperors crossed the Rhine on their campaigns, looted the inhabitants, dragged prisoners into the hinterland or pursued and drove the French troops under their Emperor Napoleon back to their homeland, as in the case of the Prussian General Blücher. If the Rhine could speak it would take several lifetimes to hear all the stories it could tell.

In the Middle Ages, the despotic rule of the robber barons on the Rhine led to disputes with the Rhenish league of towns. At the end of the 13th century its troops, led by King Rudolf of Habsburg, conquered most of the robber baron castles along the Middle Rhine. They executed the marauding, intransigent men and destroyed the castle buildings. In the ensuing centuries toll terror flared up again in one or the other castle, until French troops under Louis VIV razed many surviving castles to the ground during the Palatinate War of Succession at the end of the 17th century. At the beginning of the 19th century as a result of the people's enthusiastic yearning, the "Romantic of the Rhine" was discovered as an art movement and school of thought. English and Dutch travellers – painters, artists and writers such as Lord Byron or Joseph Mallord William Turner – came to the "romantic" Middle Rhine. On his Rhine travels, Johann Wolfgang von Goethe was so inspired by the incomparable beauty of the large river and its unique landscape that he wrote his "Geistesgruß" (Greetings from a Ghost) here. These first Rhine travellers can be considered to be the predecessors of today's tourists.

It was then, primarily thanks to the dreams of Prussian monarchs in the 18th/19th century, that many of the castle buildings were lovingly, and always very expensively, renewed. Many a king or Kaiser had to have ruins given to them as a gift before they became enthusiastic about rebuilding them as a hunting lodge or summer residence. A monument was also erected to some of them,

Boppard

tema aduanero, hasta que en la guerra renana de sucesión de finales del siglo XIV tropas francesas al mando de Luis XIV volvieron a destruir todos los castillos y fortalezas. Fue al iniciarse el siglo XIX, cuando la nostalgia acumulada hizo descubrir a numerosos artistas y pensadores "El romanticismo del Rin". Al Rin Central acudieron por aquel entonces viajeros ingleses y holandeses, pintores, artistas y escritores como por ejemplo Lord Byron o Joseph Mallord William Turner. Johann Wolfgang von Goethe llegó a inspirarse de tal modo durante su travesía por el Rin, deslumbrado por la belleza incomparable del caudaloso río y del paisaje sin igual, que fue aquí donde gestó su poesía "El saludo del noble espíritu". En cierto modo estos visitantes intelectuales fueron los predecesores de los actuales turistas. Las ensoñaciones de las monarquías prusianas durante los siglos XVII y XIX, hicieron posible la cuidada y costosa reconstrucción de la mayoría de los castillos. Fue necesario regalar alguna ruina a determinado Rey o Emperador, para que se entusiasmara con ella y procediera a repararla como su Residencia de ocio o caza. Incluso se levantó algún monumento en memoria de algún que otro aristócrata, como por ejemplo el impresionante monu-

Marksburg

as the huge monument at the Deutsche Eck in Koblenz shows. Today most of the castles and palaces are privately owned. They are used as youth hostels, museums, restaurants and hotels or provide space for historic mediaeval tournaments.

The Middle Rhine valley is still one of the most beautiful landscapes in Germany. A boat trip on the "Golden River" is one of the tourism highlights and is therefore highly popular with numerous guests from home and abroad. Apart from the numerous castles, the romantic Rhine valley also has impressive churches, such as the magnificent Cathedral in Cologne and St. Martin's in Mainz, which must be maintained and can always be rediscovered. And for all fans of fine wines, the best Riesling wines are grown on the steep slopes along the banks of the Rhine. Tasty products of ambitious vintners' hands, whose tangy style is considered incomparable throughout the world.

mento, la Deutsches Eck en Coblenza. En la actualidad la mayoría de castillos y fortalezas de esa época están en manos privadas. Sirven como Albergue juvenil, Museos, Restaurantes y Hoteles o escenario ideal para recrear históricos Torneos de Caballeros. El valle del Rin Central continúa disfrutando de uno de los paisajes más bonitos de Alemania. Una travesía por el "Río dorado" forma parte por los destinos turísticos más apreciados de nuestra era, cotizándose mucho entre los visitantes nacionales e internacionales. El Valle del Rin, un obsequio para las pupilas, también cuenta además de los preciosos castillos con imponentes iglesias, como la Catedral de Colonia y San Martín en Maguncia, extraordinariamente conservadas, por lo que siempre merecen una visita. No debe falta una degustación de sus vinos que provienen de los mejores viñedos de este Valle, los vinos Riesling, campos de cultivo repartidos por las empinadas orillas del Rin. Cate en un paisaje de ensueño las variedades de los viñadores más exigentes, cuya marcada personalidad se estima inigualable en el mundo entero.

▲ **Koblenz, Deutsches Eck**
Coblenza, Monumento del Deutsches Eck

Cologne Cathedral
Catedral de Colonia

Conquered, Besieged, Printed and Loved – the Gutenberg City of MAINZ

It is just like a journey through almost 2 000 – years of history: The site first flourished under the Romans, who left behind an enormous legion depot and magnificent structures such as the aqueduct. Further relicts from these times can be discovered in the Central Roman-Germanic Museum, in the east wing of the former electoral palace. With changing rulers came new times. The mighty St. Martin's Cathedral built by the Saliers, in which numerous kings were crowned, still announces the importance of the City of Mainz as a pillar of Christianity north of the Alps. To celebrate the 1 000 -year cathedral anniversary the "Heunensäule", a bronze statue which illustrates the city's history, was erected on the redesigned cathedral square. Towers of the old city fortifications stemming from the Middle Ages, monasteries, convents and numerous religious buildings such as the Johannis Church and St. Stephan's, the only church in Germany for which Chagall painted glass windows.

To this day Mainz is characterised by its narrow and

MAGUNCIA – la ciudad de Gutenberg – Conquistada, impresa y amada

Adentrarse en Maguncia es como atravesar 2 000 años de historia. Esta ciudad alcanzó su máximo esplendor en la época de los romanos, como inmensa guarnición romana, civilización esta por otra parte que dejó un legado grandioso como por ejemplo el acueducto. Otras muchas reliquias se encuentran custodiadas en el Museo Central Románico-Germánico, en el ala Este del antiguo Palacio del Príncipe Elector. Con el cambio de regencia se inició otra época. La Catedral salia de San Martín, en la que se coronaron muchas cabezas reales, da idea de la importancia de Maguncia como pilar de la cristiandad, al Norte de los Alpes. Con motivo del 1.000° cumpleaños de la catedral, se trasladó la columna "Heunensäule", de plástico bronce, representativa de la historia de esta ciudad, a la plaza del Domplatz, tras rediseñarla totalmente. De estilo medieval son también las torres sobre la antigua muralla, los conventos y monasterios, las numerosas edificaciones religiosas como la Iglesia de San Juan y San Esteban, la única iglesia en toda Alemania para la que el artista francés Chagall elaboró una serie de vitrales. Hasta nuestros días el perfil de Maguncia lo conforman las serpenteadas callejuelas, las nobles edificaciones y las viejas plazas, donde se pueden seguir las huellas de Johannes Gutenberg, lógicamente hijo predilecto de la ciudad. El inventor de la imprenta ha paseado el nombre de "Maguncia" en mayúsculas por todo el mundo. Mucho es lo que se puede contar y mucho lo que se puede leer sobre este célebre personaje. Sin embargo el Museo de Gutenberg de Maguncia nos deleitará con valiosas obras de arte del oficio impresor. Maguncia es una esponja de lo que lee y oye, sobre todo de las ideas innovadoras y mentalidad de la cercana Francia.

◂ **Renaissance Wells**
La fuente del renacimiento

▲ **Mainz** – ***Maguncia***

winding alleys, the proud houses and old squares where you can walk along the tracks of Johannes Gutenberg, the City's most famous son. The inventor of book printing carried the name of "Mainz" into the whole world, written down in black and while. There is much to say about Gutenberg, you can read up on him and discover real typesetting treasures in the Gutenberg Museum. Mainz reads and listens, above all, whatever new thoughts and ideas cross the border from nearby France. In particular the city has adopted the French attitude to life. Visitors feel this when, on warm summer evenings, the Rhine buildings, old city squares, road-side cafés and pleasant wine bars are filled with pleasure-loving people.

As the state capital of Rhineland Palatinate, today Mainz has one of the largest universities, founded in 1477. Mainz is home to several TV broadcasters, led by ZDF, and this mixture of the media branch and administration, of universities and economy, creates a colourful mix of people who live and work here. Once a year this

▼ **Market Square with cathedral and "Heunen" pillar**
Plaza del mercado con la catedral y columna Heunensäule

Predomina en esta ciudad cierto ambiente francés en su estilo de vida. Los visitantes lo captarán especialmente en los atardeceres cálidos, cuando los jardines del Rin y las plazas del casco viejo, así como las terrazas de los cafés y las agradables tabernas se llenan de personas que disfrutan tomando una copa de vino. La capital de Renania Palatinado cuenta actualmente con una de las mayores universidades, en activo desde 1477. Maguncia es la patria de varias emisoras de televisión, encabezadas por el segundo canal de la televisión estatal alemana ZDF.

El mestizaje resultante entre medios de comunicación y administración, de Escuelas Técnicas Superiores y Economía, forma una amalgama multicolor de gente interesante que vive y trabaja aquí.

Fountains in the old city
Fuente en el Casco Viejo

Mainz
Maguncia

▾ **Mainz Cathedral**
Catedral de Maguncia

mixture is completely shaken up when Mainz gets caught up by carnival with its tomfoolery and masque. The "Rosenmontag" (Shrovetide) carnival procession is the climax and a fixed date in the calendar for many Mainzers. "Everything comes to an end on Ash Wednesday" – begins a carnival evergreen: that may be true for Mainz's carnival but the city itself is in demand the whole year through. It likes to spoil its visitors with regional specialities, which originate from a wine-based cuisine. One is "Mainzer Handkäs met Musik" (cheese)

Hay una ocasión que se repite cada año en la que esta mezcla se pone de manifiesto de manera muy evidente, cuando de la ciudad se apodera un desenfrenado baile de máscaras y diversión carnavalesca. El evento más importante se celebra el lunes de carnaval, con un pasacalle en el que no falta ningún maguntino. "El miércoles de ceniza, todo pasó" dice un sabio slogan carnavalero, que encaja al dedillo con el carnaval de Maguncia. No obstante esta ciudad está siempre en temporada alta, tentando a los visitantes con sus especialidades regionales, derivadas de una gastronomía amante del vino. Un queso maguntino "Handkäs

Electoral Palace
Castillo Arzobispal

"Zeughaus" (Arsenal) and "Deutschhaus"
Armería y Casa de Alemania

served with a crisp Rhinehessen wine, which covers the gentle hillscapes around Mainz. The city's national dish is as simple as it is tasty and begins with the famous three "W", "Weck, Worscht und Woi", which translates as bread rolls, sausage and wine. It symbolises the uncomplicated, cheerful Mainz citizen, who lives on and with the Rhine.

met Musik", no se puede saborear bien si no es acompañado de un sabroso vino renano. Los vinos renanos tienen su cuna en las suaves colinas renanas. El plato especial de la ciudad es sencillo a la par de sabroso, y comienza con las famosas tres "W", "Weck, Worscht und Woi", que traducido del dialecto renano sería algo así como pan, embutido y vino. Precisamente es este plato el que simboliza la alegría de los maguntinos, que viven junto al Rin y saben disfrutar de él.

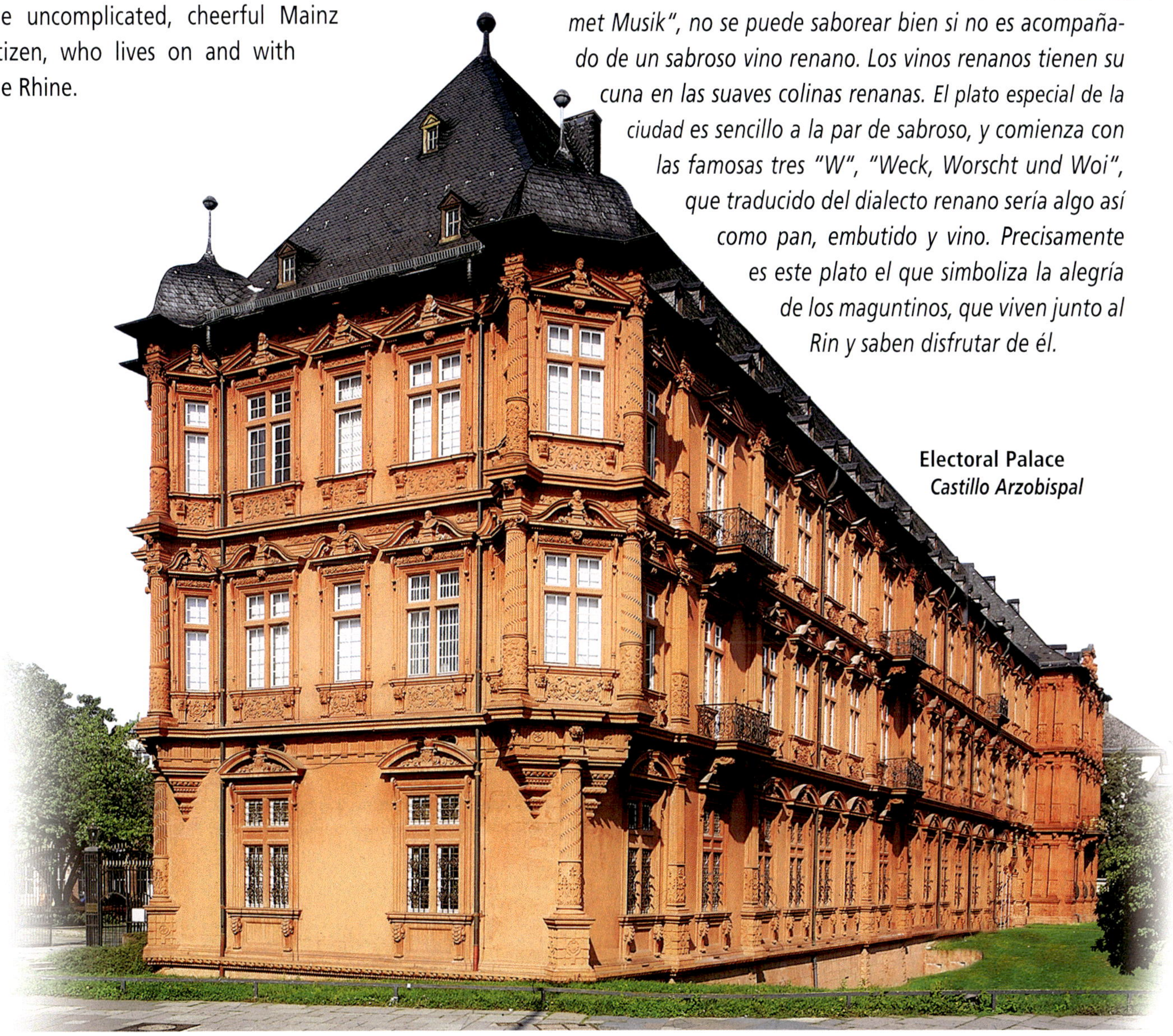

Electoral Palace
Castillo Arzobispal

Assembly rooms – *Casa termal*

The Beautiful Diva among the Rhine Cities – WIESBADEN

Wiesbaden – it has overtones of a Champagne mood – and it is not without reason that the city is one of the most elegant daughters of the Rhine to have settled on its banks. Embedded between Rheingau and Taunushöhen, it has a decidedly green cloak, which ranges from old trees in shaded avenues to the extensive spa gardens.

A walk through the park inevitably leads to the assembly rooms. In 1985, after costly restorations, the

WIESBADEN – La bella diva entre todas las villas renanas

También llamada la "Niza del Norte", Wiesbaden evoca la atmósfera del lujo y del cava. Por algo es una de las ciudades más elegantes a orillas del Rin. Situada entre la cuenca del Rin y los picos de la sierra de Taunus, y vestida siempre de verde, con sus anchas avenidas que atesoran antiguos árboles o el exuberante parque de los Príncipes Electores.

Un paseo por el parque lleva indiscutiblemente al suntuoso Balneario Kurhaus. Concluidos en 1985 los arduos trabajos de restauración, la sala más bella de esta casa, antiguamente sala de vinos, vuelve a albergar el casino. A quien no le guste perder todo su dinero en la ruleta, como le sucedió a Dostojewski en1865, deberá entrenarse con juegos y apuestas menores en la columnata, en frente del Teatro del Estado de Hesse. Esta columnata es la sala de columnas más larga de Europa, con sus 129 metros, y resulta ideal para exposiciones y eventos diversos.

A través de la "Rue" como les gusta llamar a los habitantes de Wiesbaden con una mezcla de cariño y orgullo a su milla de oro la Wilhelmstrasse, se mueve lo más elegante y distinguido. Aquí las boutiques más selectas se abren paso entre Bistros de moda y Joyerías

Assembly rooms – *Casa termal*

casino was reopened in the building's most attractive hall, the former wine hall. But those who don't want to lose all their money at roulette like Dostojewski in 1865, they try their luck first in the colonnades, opposite the Hessian state theatre. With 129 metres the colonnades are Europe's longest columned hall and offer diverse exhibitions and events.

Along the "Rue", as Wiesbadeners lovingly and even proudly call the smart shopping street of the Wilhelmstraße, the stores are more upmarket than elsewhere. Here you will find exclusive boutiques next to trendy bistros and glittering jewellers. Those with a weakness for art and antiques will stroll along Taunusstraße and be tempted by the beautiful and expensive wares. On the other hand, in the colourful weekly market, held between the Rathaus and Landtag – the former duke's city residence you feel closer to the real heart of the city. Here the broad streets give way to narrow winding old city alleys, where galeries

relumbrantes. Quien sienta debilidad por el arte y las antigüedades, podrá callejear a sus anchas por la Taunusstrasse, eligiendo entre lo más bello y lo más caro. Sin embargo, el mercado semanal multicolor, que se celebra en el antiguo Castillo Ducal Stadtschloss, emplazado entre el Ayuntamiento y el Parlamento autonómico, nos abre su corazón y nos acerca al verdadero espíritu de la ciudad. Aquí las grandes avenidas dan la bienvenida a estrechas callejuelas que serpentean el casco viejo de la ciudad, donde galerías y pequeños

Theatre – ***Teatro*** ▸

and small shops abound in a colourful mixture with cafés and restaurants.

Wiesbaden is special not only for its hot springs but for its flair of the historic spar towns. Plinius the Elder mentioned the hot springs in which the Romans liked to use for both physical and mental edification. The historic Kaiser-Friedrich Bad is a true temple for bathing fans, which combines contemporary moments for treating the senses with the sensuality of old bathing architecture,. The "Kochbrunnen", officially mentioned in 1366, is the city's most famous spa with its 15 springs and hot sodium chloride thermals.

Towards the end of the 18th and during the 19th century bathing tradition reformed here in Wiesbaden and raised the city to a "world spa" – an international meeting place for members of the nobility, and those with money and politicians. Tsars and kings visited the city, along with the artist Jawlensky or the composer. Many mementos of this great time remain to this day.

comercios ofrecen una mezcla ecléctica multicolor con sus cafés y restaurantes. Además de la fuente de agua termal cálida, Wiesbaden es conocida por su renombre histórico como ciudad balneario. Ya en tiempos de Plinius maior se citó por vez esta estación terminal, donde los romanos gustaban de sus cálidas aguas para recuperarse tanto física como psíquicamente. Se trata en verdad de un templo de baños, que regala unos momentos de relax y cura termal en un ambiente sobrecogedor que aviva los sentimientos rodeado de una arquitectura antiquísima, especialmente en el histórico baño terminal del Emperador Federico. La fuente caliente se citó ya en el año 1366, con sus 15 manantiales y las aguas calientes de cloruro sódico, y se ha convertido entretanto en la más famosa de la ciudad.

A finales del siglo XVIII y durante el siglo XIX se forjó aquí en Wiesbaden la tradición termal con un aire renovado, encumbrando la ciudad en lo más alto de la cultura "termal" mundial, y convirtiéndose en un punto de encuentro internacional de aristócratas, millonarios y políticos. Desde los Zares pasando por Reyes o pintores como Jawlensky o compositores como Wagner, han querido conocer de cerca los encantos de esta ciudad. De estas insignes visitas han quedado muchos recuerdos de aquella época dorada que pueden ser contemplados en nuestros días.

A Wiesbaden le gusta demostrar que aquí se vive bien. En el valle de Nero cede el ruido del centro de la ciudad y se puede comenzar a escuchar el lindo revolteo de los pájaros, que cantan en los jardines de las nobles villas. Todo un suntuoso barrio que impresiona con sus exuberantes residencias en diversos estilos, provocando la envidia de todo

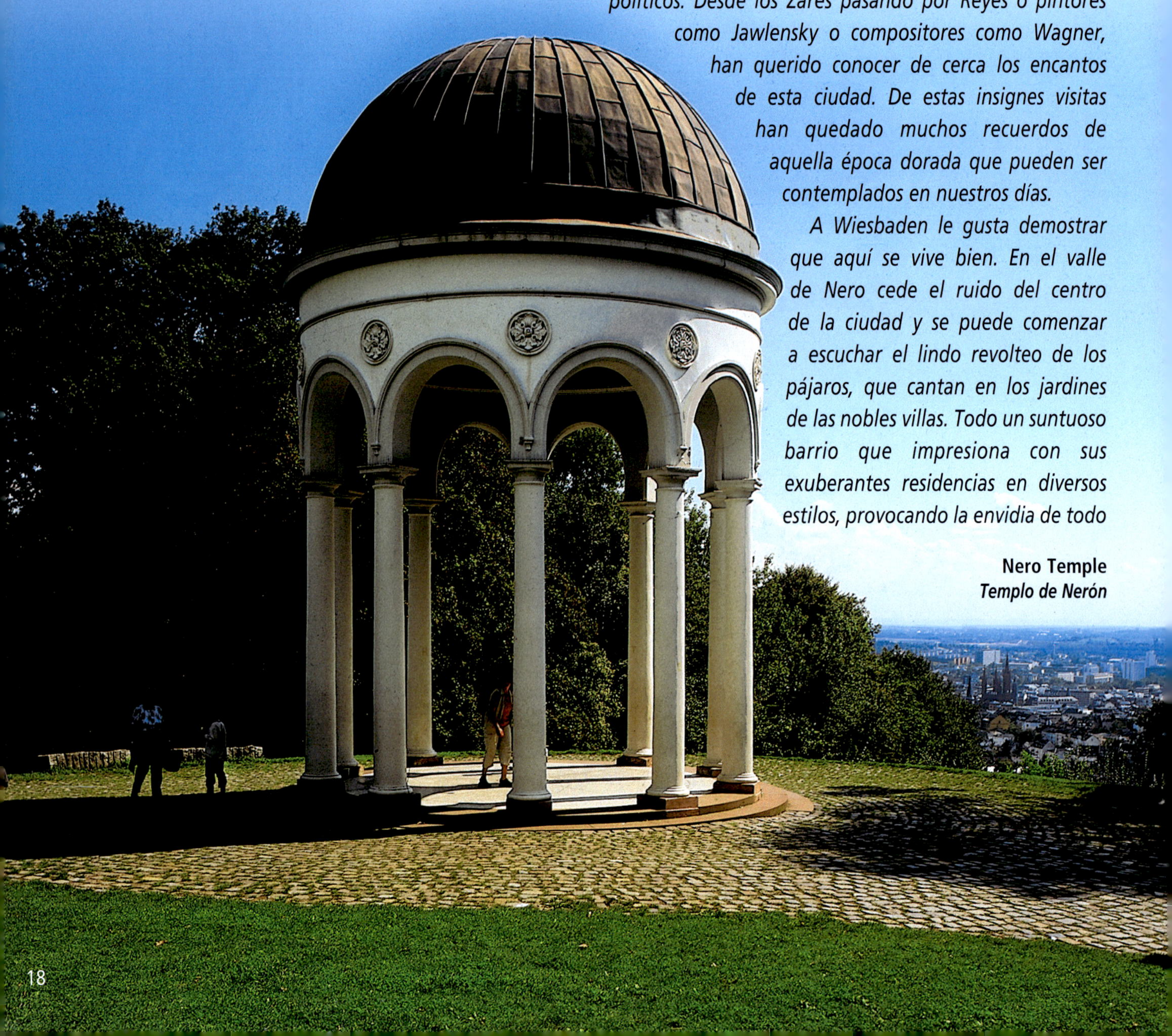

Nero Temple
Templo de Nerón

In Wiesbaden the people like to show that it is a good place to live. In the Nerotal the noise of the inner city gives way to the chirping of birds which live in the gardens of the grand villas. A whole district which impresses with its range of diverse building styles and gives rise to an inner yearning for such domiciles. From here a cable railway takes you up to the Neroberg with its historic viewing temple. The Greek Chapel, right next to it in a Russian-Byzantine forms an unusually exotic picture. From here you can see far across the city and Rhine. One more reason to take a trip to Wiesbaden.

aquel que las admira fascinado. Desde aquí se puede tomar el funicular y subir a lo alto del monte Nero, para ver las preciosas vistas que se nos regalan desde el mirador histórico. La capilla griega que se encuentra justo al lado, de estilo ruso-bizantino, da un tinte exótico a la zona. Nuestros ojos se perderán deleitándose con las vistas sobre la ciudad y el Valle del Rin. Otro motivo más para visitar esta ciudad.

Greek Chapel
Capilla griega

Where Goethe once Dined – SCHLOSS BIEBRICH

Schloss Biebrich is a real picture book castle. The stately red and white Baroque building stands in a prominent location directly on the banks of the Rhine and the building is one of the most impressive palaces on the Middle Rhine. Originally planned as a small summer holiday home for the Princes of Nassau-Idstein, the building built in the mid 18th century bears witness to the increased representation wish of its builder. Today the palace is used for administrative purposes – but the finest rooms such as the rotunda and the galleries can be rented for parties and events. While the Rhine flows on the one side, at the rear there is a green garden area where an extensive English landscaped park invites you to take a walk and relax. The park and palace are gems on the edge of the spa metropolis Wiesbaden.

CASTILLO BIEBRICH – donde en tiempos Goethe se sentaba a la mesa

El Castillo de Biebrich es la viva imagen de un castillo. De soberbio estilo combina el color rojo y blanco, y está emplazado en un lugar privilegiado, directamente a orillas del Rin. Su estructura es una de las más impresionantes de las que se pueden admirar en el Rin Central. Originalmente se concibió como una pequeña residencia de verano para los Príncipes von Nassau-Idstein. Sin embargo, este castillo de mediados del siglo XVIII refleja fielmente las pretensiones de notoriedad de sus fundadores. Actualmente el Castillo está siendo explotado por parte de la administración oficial, pudiéndose alquilar no obstante los salones más bellos como la pérgola y las fastuosas galerías para organizar eventos y fiestas. Mientras que a un lado fluye plácidamente el Rin, al otro se exhiben unos amplísimos jardines verdes de paisaje inglés, que invitan directamente a pasear y a relajarnos. Tanto el parque como el castillo son auténticas joyas próximas a la metrópoli termal Wiesbaden.

A Rose for You – ELTVILLE

A visit to the oldest town in the Rheingau quickly becomes an experience for the senses. Eltville is not only a richly traditional production location for first class wines and sekts (sparkling wines) but also impresses as the "rose town" with an abundance of wonderful specimen of this queen of the flowers. Around 350 varieties are supposed to exist and the colours and scents of the rose gardens along the castle moat are fascinating.

Gutenberg received his only honour during his lifetime in Eltville as the elector named him his courtier. Narrow alleys wind through the old party of the town, characterised by half-timbered buildings and historic vintners' estates and there, where wine bars and pleasant cafés invite you to rest, you can experience Rhine Romanticism at every turn.

ELTVILLE – Una rosa para tí

La visita a la ciudad más antigua de la comarca del Rin se convierte rápidamente en un deleite para los sentidos. Eltville no solamente es un lugar lleno de tradición en la producción de vinos y cavas, sino que también resulta impresionante su faceta como "ciudad de las rosas", ya que cuenta con miles de ejemplares de esta flor, denominada la reina entre las flores. Parece ser que son 350 especies diferentes las que adornan las ruinas del castillo, fascinando con su belleza e hipnotizando con sus aromas. El inventor de la imprenta Gutenberg recibió en la ciudad de Eltville su único reconocimiento público en vida, cuando fue nombrado cortesano por el Príncipe Elector. Las estrechas callejuelas serpentean los viñedos y las casas de fachadas entramadas que componen el casco antiguo. Y aquí es donde las tabernas y los agradables cafés invitan a un respiro y uno se siente completamente invadido por voluptuoso romanticismo del Rin.

Electoral Castle
Castillo Arzobispal

Old Rhine Crane
Antiguas grúas del Rin

Johannisberg Palace
Castillo de San Juan

Culture and Sociability – OESTRICH-WINKEL

The historic wine loading crane erected in 1745 greets visitors to Oestrich-Winkel, Hesse's largest wine town, from afar. The Romanesque Church of St. Martin, Eberbach monastery, the "Brentanohaus" and the "Graue Haus" ("Grey House" – oldest stone house in Germany).

Those who would rather visit the town to celebrate are welcome to join in the "Dippemarkt" in May and the Oestrich-Winkeler Jazz Week as part of the "Lenchenfests" in July.

OESTRICH-WINKEL – Cultura y sociedad

Desde lejos saludan las históricas grúas viníferas de 1745 a los visitantes de la ciudad Oestrich-Winkel, el municipio vitivinícola más grande del land Hesse. Algo más antiguos, pero no menos interesantes son la Iglesia de San Martín, el Convento Eberbach, la casa de la familia Brentano y "la casa gris", la casa de piedra más antigua de toda Alemania. Quien quiera venir para pasárselo bien, se alegrará de coincidir con el mercado "Dippemarkt" en el mes de mayo o con la Semana del Jazz de Oestrich-Winkel, evento que se encuadra dentro de las fiestas "Lenchenfests" que se celebran en el mes de julio.

Home of the "Late Vintage" – SCHLOSS JOHANNISBERG

As wine grapes have has been grown on the Johannisberg since 817, Schloss Johannisberg, built in 1715 from the monastery founded in around 1100, is one of the oldest Riesling wine-growing estates in the world. The monks were blessed with the "late vintage" (Spätlese) of the wine by chance in 1775. Descendents of the Princes of Metternich still live in the palace to this day.

CASTILLO DE SAN JUAN – Cuna de la "vendimia tardía"

Dado que en el Monte de San Juan se cultivan viñedos desde 817, al Castillo de San Juan construido en 1715, alrededor de un Monasterio construido a su vez en 1100, se le conoce como la cuna de los viñedos más antiguos de la Riesling. Fue la casualidad la que en 1775 quiso que los monjes que habitaban en el Monasterio descubrieran la vendimia tardía (Spätlese) de esta casa. Los inquilinos de este Castillo continúan siendo hasta nuestros días los Príncipes von Metternich.

The Cradle of Rhine Tourism – RÜDESHEIM

Small, but with a great name! Rüdesheim is one of the most highly frequented communities in the Rhinegau. Und what would an excursion there be without having set a foot on the world famous cobbles of the Drosselgasse.

The oldest wine bar in the alley is the "Drosselhof". Built in 1727 as a vintners' tavern, over the years it has acquired an international reputation. Or, directly opposite, the "Lindenwirt" a half-timbered building decorated with richly ornamental oriels and open galleries. Relaxed cheerfulness or romantic atmosphere – in the heart of the old town the 144.5 metre long Drosselgasse has something for every taste.

Further below, directly on the banks of the Rhine, is the "Adlerturm" or "Eagle's Tower" a corner tower of the old 15th century town fortifications. Even Goethe wondered at the view of the Rhine from here. Rüdesheim looks best when viewed from the

RÜDESHEIM – La meca del turismo del Rin

Rüdesheim es un municipio pequeño, pero una metrópoli turística de gran renombre, ya que es una de las villas turísticas más visitadas de la cuenca del Rin. Nadie podrá decir que conoce bien el Rin, si no ha pisado algún adoquín de la mundialmente famosa callejuela más jovial del mundo, la Drosselgasse.

La bodega más antigua de la calle es "Drosselhof". Construida en 1727 como taberna, alcanzó popularidad internacional con el paso de los años. Otra taberna muy interesante por sus vistosos miradores y las galerías abiertas con fachada entramada es la "Lindenwirt", que queda justo enfrente. Los 144,5 metros que mide la Drosselgasse, en pleno centro de la villa, desbordan hospitalidad renana. Aquí cada uno encuentra lo que busca. Algo más abajo, directamente a orillas del Rin, encontramos la torre del águila (Adlerturm), una esquina de la muralla defensiva que

▾ **Rheinstraße**
Rheinstrasse

▸ **Eagle's Tower**
Torre del águila

Rüdesheim

Rhine. From here, whether in a passenger boat or a paddle steamer, you can make the most delightful excursions up or down the Rhine.

As one of the oldest toll and residential castles on the Rhine, today the Brömserburg is home to the Rhinegau

rodeó esta localidad en el siglo XV. Ya Goethe supo piropear las vistas panorámicas de las que se pueden disfrutar aquí sobre el cauce del Rin. Es cierto que Rüdesheim nos ofrece su lado más bello precisamente cuando la contemplamos desde el Rin. Desde aquí se parte

▼ **Brömserburg Wine Museum –** ***Museo del vino castillo Brömser***

Boosenburg – ***Castillo Boosen***

Drosselgasse – ***La calle Drosselgasse***

Wine Museum, with one of the oldest wine related collections in the world. And those who associate castles with horror and torture can visit the mediaeval torture museum and wonder at the numerous execution and torture implements.

Drosselgasse –
La calle Drosselgasse

en barcos de pasajeros o vaporetos de pedal, a las excursiones más fascinantes subiendo o bajando el Rin. Uno de los castillos más antiguos de aduna y residencia de todo el Rin, se encuentra precisamente aquí. El castillo Brömserburg actualmente convertido en el Museo Central del Vino de la Cuenca del Rin, ostenta la colección más antigua de vinos a escala mundial. Sin embargo, a aquellos que relacionen a los castillos medievales con tortura y terror, les recomendamos una visita al Museo Medieval de Tortura, donde quedarán impactados con múltiples historias de útiles de tortura y ejecución.

The Guard on the Rhine – the NIEDERWALDDENKMAL

NIEDERWALDDENKMAL – La vigilancia sobre el Rin

View of Bingen – ***Panorámica sobre Bingen***

High above the vineyards of Rüdesheim – below the sparse copse – stands the mighty "Germania", flanged by the allegorical figures of war and peace.

"Germania" itself presents herself as a colossal statue made from bronze. Holding the emperor's crown up high with her left hand resting on a sword, she stands enthroned on a multi-divided base. A plaque reminds of the victorious campaign against France in 1870/71. The Kaiser of the time, Wilhelm I, personally officially opened the monument. It was built by the architect Karl Weißbach to a design by the sculptor Johannes Schilling.

Por encima de los viñedos de Rüdesheim, se encumbra este monumento conmemorativo de la guerra de 1870-71 y la posterior reunificación alemana, protegido por el luminoso bosque. Su estatua "Germania" está flanqueada por figuras alegóricas sobre la guerra y la paz. Esta escultura se presenta a sí misma como una estatua colosal de bronce. Posada sobre una base compuesta de varias capas, la corona del emperador queda suspendida y la mano izquierda posada sobre una espada. Una leyenda rememora los momentos de gloria contra los franceses. El entonces emperador Guillermo I inauguró personalmente el monumento.

Niederwald monument
Monumento conmemorativo del Niederwald

A visit to the "Germania", the guard over the Rhine, is part of the required schedule for any Rhinegau visit. You must have stood at Germania's feet, if only to see the breathtaking view of the Rhine and Nahe Valley. From the monument grounds a wide network of footpaths runs through the copse. The view of the Rhine will never cease to impress you along your walks.

El arquitecto encargado de su construcción fue Karl Weißbach siguiendo el boceto del escultor Johannes Schilling.

La "Germania", estatua que custodia el Rin, es en sí un destino obligado dentro del programa de visita esta comarca. Ya solamente por la impresionante vista que desde allí se domina sobre los valles del Rin y Nahe, merece la pena haber estado unos minutos a sus pies. Desde este monumento parte una amplia red de paseos por el bosque. Mientras se escoge uno de ellos, siempre impresionará la vista sobre la cuenca del Rin.

▸ Niederwald monument
Monumento conmemorativo del Niederwald

▾ "Father" Rhine and "Mother" Mosel
Padre Rin y madre Mosela

City with Tradition – BINGEN

Bingen, located on both sides of the mouth of the River Nahe, was a military base for Roman cohorts. The mineral deposits were called Bingium back in the 1st century- and is the origin of the present day name Bingen. One of the Roman bequests is the Drususbrücke. As one of the oldest stone bridges in Germany, it links Bingen and Bingerbrück. The chapel in its bridge piers still bear witness to mediaeval superstition.

Burg Klopp high above the city and the Romanesque Basilica of St. Martin are well worth seeing. The wooden structure of the old harbour crane with slate panelling has also outlived the centuries. As is true everywhere else along the Rhine, the Roman troops

BINGEN – Una ciudad con mucha tradición

Bingen, ubicada cerca de la desembocadura del río Nahe, fue el punto de apoyo más importante de las cohortes romanas. Ya en siglo primero este asentamiento se llamó Bingium, de donde se deriva su actual nombre de Bingen. Uno de los legados romanos es el puente Drususbrücke, este puente de piedra es el más antiguo de Alemania y une las localidades de Bingen y Bingerbrück. La capilla que se encuentra sobre el puente es un vivo testimonio de la superstición que imperó en la Edad Media.

Klopp Castle
Castillo Klopp

Bingen

brought winegrowing to Bingen too. A blessing for the city, because the wine trade and winegrowing are still among the main activities of the entrepreneurial Binger citizens to this day.

Being an important traffic junction since time immemorial has also contributed to the economic revival of Bingen. Here the railways cross – as do the roads to Koblenz, Mainz, Trier and Bad Kreuznach.

The city's most famous daughter is Hildegard of Bingen, who established her first convent in the present day city district of Bingerbrück. Her most important works include the medical text book on "The causes and treatment of illnesses".

El Castillo de Klopp a lo alto merece la pena ser visitado, así como la Basílica romana de San Martín. Por suerte también ha sobrevivido a todos estos siglos la construcción de madera de la vieja grúa del puerto revestida de pizarra. Como ocurrió en todo el resto del Rin, también a Bingen trajeron las legiones romanas la vinicultura, lo que supuso una bendición para esta ciudad, ya que hasta nuestros días el comercio de la vinicultura y viticultura es la actividad económica principal de los emprendedores habitantes de Bingen. El crecimiento económico de la zona ha contribuido a que Bingen se haya convertido actualmente en un importante nudo de comunicaciones. Aquí se cruzan los ferrocarriles así como las carreteras a Coblenza, Maguncia, Tréveris y Bad Kreuznach.

La hija adoptiva más famosa de la localidad es sin lugar a dudas la monja emancipada Hildegard von Bingen, quien fundó su primer convento en el municipio actual de Bingerbrück. Una de sus obras más importantes es su Tratado de Medicina titulado "Causas y tratamiento de las enfermedades".

Klopp Castle – *Castillo Klopp*

Dedicated to the Patron Saint – the ROCHUS CHAPEL

A pretty pilgrimage chapel characterises the silhouette of the Rochus Mountain in the southeast of the town of Bingen. Dedicated to the patron saint Rochus in 1966, the year of the plague, destroyed many times over, the chapel building preserved today was built to drawings by the Limburger architect Max Meckel at the end of the 19th century. Artistic altar wings and paintings make this chapel a centre of attraction.

La Capilla del Patrón SAN ROQUE

La bonita capilla del Santuario de San Roque determina la silueta del monte Rochusberg en el Sudeste de la ciudad de Bingen. Dedicada a su patrón San Roque en 1666, el año de la peste, y destruida en varias ocasiones, los planos de la capilla actual nacieron de manos del Arquitecto Max Meckel a finales del siglo XIX. El artístico altar y las pinturas son el mayor atractivo de esta capilla.

"Mouse Tower" and Ehrenfels Castle near Bingen
Mäuseturm y Castillo Ehrenfels en Bingen

Terrible Stories of Grey Rodents – the "MÄUSETURM"

The legend lives: After the hardhearted Archbishop Hatto II had had the citizens burned during a famine, he fled here and was eaten by mice. In truth though the name "Mäuseturm" (German for "Mouse Tower") comes from its real name "Mautturm", i.e. toll tower. The slender watchtower on an island rock near Bingen was used by Mainz's archbishops as a watch and toll tower. The building, renovated in neo-Gothic style in the 19th century, was later used by the shipping industry as a signal station. Today the "Mäuseturm" is a proud landmark of the town of Bingen and a popular photography motif for travellers.

La torre MÄUSETURM – La terrorífica historia de los roedores grises

La leyenda continúa viva: una vez de que el cruel Arzobispo Hatto II hizo que quemasen a los ciudadanos durante una hambruna, buscó refugio en la Mäuseturm (torre de los ratones), siendo devorado por los ratones. Sin embargo la realidad nos recuerda que la palabra peaje es un sinónimo de la palabra portazgo. La esbelta torre de vigilancia en la isla rocosa de Bingen sirvió a los Arzobispos de Maguncia como torre de vigilancia y de aduana. Después ya en el siglo XIX, la navegación utilizó esta estructura reconstruida en estilo neogótico como torre de señales para facilitar la navegación fluvial. Actualmente la "torre de los ratones" es un orgulloso icono de la ciudad de Bingen y uno de los motivos fotográficos preferidos de los visitantes.

Source of Income for the Clergy – EHRENFELS CASTLE RUINS

Lofty and noble, and visible from afar it watches over the "Binger Loch". It was Mainz's archbishops who had Burg Ehrenfels built on the right side of the Rhine (coming from the south) near Rüdesheim, probably at the beginning of the 13th century. Together with Burg Klopp and the "Mouse Tower" the square castle buildings formed a northward barrier. Burg Ehrenfels was built as a toll castle and used by Mainz's archbishops as a place where they could flee. During times of war Mainz cathedral's treasures were stored there. Destroyed by the French to a large extent in 1689 during the Palatinate wars of succession, the surviving castle walls had to give way to the vineyards on the terraces.

La RUINA DE EHRENFELS – Una fuente de dinero para pensadores

Emerge de los viñedos bien conservada, como vigilante sobre la peligrosa olla de Bingen, la "Binger Loch": los Arzobispos maguntinos encargaron la construcción del Castillo de Ehrenfels más o menos al iniciarse el siglo XIII, a la orilla derecha del Rin cerca de Rüdesheim. Junto con el Castillo de Klopp y a la torre de los ratones, Mäuseturm, forma una fortificación cuadrada, como defensa contra los invasores del Norte. El Castillo de Ehrenfels, usado como control de aduanas, sirvió de refugio a Arzobispos de Maguncia y como custodia del tesoro de la catedral de Maguncia en tiempos de guerra. Destruida prácticamente en su totalidad por los franceses en 1689, durante las guerras de sucesión de Palatinado, la muralla que aún se conserva muy bien, tuvo que ceder terreno a los viñedos aterrazados.

Where Knights' Dreams are fulfilled – BURG RHEINSTEIN

On a steep rock opposite the red wine town of Assmannshausen lies Burg Rheinstein on the left bank of the Rhine, with fabulous views of the Rhine and its banks. Rheinstein is exemplary for the important castle construction during the age of the Romantic Movement. The castle, built around 1300 and still reachable within a short walk, had its heyday under the archbishops of Mainz. The castle was left to rack and ruin in the 17th century. At the beginning of the 19th century it was no less than the architect Johann Claudius von Lassaux, whose "trademark" can be frequently found along this section of the river, who had a princely summer residence made from the dilapidated

CASTILLO DE RHEINSTEIN – Donde se convierten en realidad las historias sobre los nobles caballeros de la Edad Media

Sobre una empinada roca situada frente a la capital del vino tinto Assmannshausen, se erige el Castillo de Rheinstein en la orilla izquierda del Rin, con unas vistas panorámicas de ensueño que abarcan la cuenca del Rin y ambas orillas del valle. Rheinstein es una de las fortificaciones más antiguas del Romanticismo. Este castillo se levantó alrededor del año 1300 y continua teniendo un único acceso a pie, tras un breve paseo. Tras derrumbarse el Castillo en el siglo XVII fue nada más y nada menos que el Arquitecto Johann Claudius von Lassaux, cuya obra nos acompaña por toda esta parte del Rin, quien sea encargó de convertir las ruinas de la fortaleza en una residencia de verano a comienzos del siglo XIX. El Príncipe Federico de Prusia adquirió las instalaciones aduaneras de los Arzobispos de Maguncia en 1823, encargándole a

Rheinstein Castle
Castillo Rheinstein

Burgundy garden and castle tower
Jardín de Borgoña y torre del castillo

masonry. Prince Friedrich of Prussia had purchased the erstwhile toll castle of Mainz's archbishops in 1823 and set the much sought-after architect of that time to work.

So it is not surprising that many crowned heads of state such as Victoria of England and the Russian Tsarina were guests at Burg Rheinstein.

In 1975 the opera singer Hermann Hecher bought the castle. Together with the "Freunde der Burg Rheinstein" society (Friends of Burg Rheinstein) and development funds from the federal state, after decades of work he has managed to maintain the castle buildings and their impressive interiors with all their treasures for prosperity. Precious glass and wall paintings from the 14th century, stylish furniture, wonderful crystal lights and a Renaissance fireplace

un Arquitecto su reconstrucción. Así la historia no es de extrañar, que muchas cabezas coronadas como la Victoria de Inglaterra y la Zarina rusa hayan sido huéspedes de este singular castillo. En el año 1975 el cantante de ópera Hermann Hecher adquirió el Castillo. En cooperación con la Asociación promotora de los "Amigos del Castillo de Rheinstein" y el apoyo otorgado por el gobierno provincial, ha logrado tras décadas de trabajo, mantener el Castillo y todas las estancias interiores con sus impresionantes tesoros, como las valiosísimas pinturas de pared y vidrieras del siglo XIV, estilosos muebles del siglo XIV, extraordinarias lámparas de cristal y cerámicas renacentistas originales de Colonia, así como la sala de las armaduras, que es seguramente la más interesante de todo el castillo. Esta sala es visitada diariamente por numeroso

Chapel and Burgundy garden
Capilla y Jardín de Borgoña

Castle chapel
Capilla del Castillo

Rheinstein Castle
Castillo Rheinstein

Squires' hall – ***Pabellón de los escuderos***

Servery room – ***Aposentos femeninos***

originally from Cologne as well as iron knights' armour are admired by numerous visitors, in what is definitely the most valuable room in the castle.

público que muestra mucho interés por ella. Quien guste de las excursiones nocturnas, quedará prendado por la subida al castillo, iluminada por antorchas, que está

▼ **Great hall** – ***Salón de los Caballeros***

Princess' sleeping quarters – *Aposentos de la princesa*

Anyone who loves to ramble at night will retain impressive memories of a torch lit walk up to the castle with drinks in the lit Burgundian garden, followed by a guided tour of the castle rooms. A special treat for couples wishing to marry is a wedding in the lovingly restored castle chapel. And if that isn't enough you can book a room to stay the night. Dreamy quarters for two are available in the commander's tower. Those who need more space book the Prince George apartment.

rodeada por los jardines iluminados de Borgoña. Después la visita guiada continúa entre suntuosas estancias y aposentos. Muchas son las parejas que ansían darse el sí en la renovada capilla del castillo. Para los que quieran más, también pueden reservar una noche en una de las estancias del hotel. La torre del comandante esconde en su interior un aposento de ensueño para dos personas. Y para quién necesite más espacio siempre queda la opción de reservar el apartamento del Príncipe Jorge.

Blue salon – *Salón azul*

Red salon – *Salón rojo*

Robber Barons and Predatory Birds – BURG REICHENSTEIN

The fortified buildings of Burg Reichenstein is one of the oldest castle buildings on the Middle Rhine. Probably established in the early 11th century, it was used by robber barons to collect unlawful tolls. The Rhenish league of towns and later King Rudolf of Habsburg had the buildings with their mighty double ring walls destroyed. General Baron Wilhelm of Barfuß was attracted to the remains of the wall in 1834 and first fitted out the gate building to live in. Inspired by the large population of kestrels he gave

CASTILLO DE REICHENSTEIN – Bandoleros y cetrería

Las instalaciones defensivas del Castillo Reichenstein componen una de las fortificaciones medievales más antiguas del Rin Central. Construido parece ser a comienzos del siglo XI, sirvió de refugio a bandoleros, que exigían el pago de portazgo ilegal. La Liga de municipios renanos y después el Rey Rodolfo de Habsburgo se encargaron de derrumbar este fuerte y sus impresionantes murallas circulares dobles. El General Barón Guillermo von Barfuss quedó prendado en 1834 de los restos de esta muralla y decidió reconstruir en un

Reichenstein Castle
Castillo Reichenstein

his Reichenstein its second name "Falkenburg" (kestrel castle).

In the years between 1899 and 1902 the rest of the castle remains were also restored: The industrialist Nicolaus Kirsch-Puricelli had an architect from Regensburg fitout the complete layout as a residential castle in the English neo-Gothic style. The residential rooms still preserved from this time are a witness of the upper middle class living culture of that time. Armaments, valuable furniture, a rare hotplate collection, porcelain, weapons from several centuries and hunting trophies from four continents have been maintained in a remarkably good condition and can be viewed.

principio el edificio de entrada para residir allí. Inspirado en los numerosos asentamientos de halcones en las torres circundantes, le dio el sobrenombre de Castillo de los Halcones (Falkenburg).

Entre 1899 y 1902 se procedió a reconstruir el resto de las ruinas del castillo. El Industrial Nicolaus Kirsch-Puricelli encargó a un Arquitecto de Regensburg la completa reconstrucción del Castillo, para convertirlo en un gran castillo residencial al estilo inglés neogótico. Las estancias de esta época que aún se conservan, son un legado de la cultura residencial señorial de aquella época. En su interior se pueden contemplar exuberantes armaduras, valioso mobiliario y una rara colección de planchas de horno, así como porcelanas, diferentes armas de varios siglos, y trofeos de caza de los cuatro continentes todo ello sorprendentemente bien conservado.

Reichenstein Castle
Castillo Reichenstein

From Robber Baron Hideout to Hunting Lodge – BURG SOONECK

This structure was probably built in the 11th century under the name "Saneck" by Kornelimünster Abbey. The monastic administrators went on raids, plundered travellers and levied their own tolls. These activities were brought to an end in 1245 and 1282. The robber baron nest was finally raided. Crown Prince Friedrich Wilhelm of Prussia and his brothers bought the ruins and had them rebuilt as a hunting lodge. Today Burg Sooneck belongs to the State of Rhineland Palatinate and can be viewed on a guided tour.

CASTILLO SOONECK – De refugio de bandoleros a castillo de caza

Parece ser que este Castillo se estableció partiendo de la Abadía del Monasterio de Santo Cornelio alrededor del siglo XI. Los corregidores del Monasterio llevaban a cabo cruzadas que expoliaban a los viajeros que atravesaban el lugar, imponiendo sus propios impuestos medievales, los llamados portazgos. A estas actividades malhechoras se puso fin entre el año 1245 y 1282, aniquilando totalmente este nido de bandoleros. El Príncipe heredero Federico Guillermo de Prusia y sus hermanos adquirieron sus ruinas y encargaron su reconstrucción como Castillo de caza. El Castillo de Sooneck forma parte actualmente del patrimonio histórico de la región de Renania-Palatinado y puede visitarse dentro de visitas guiadas organizadas.

The Electoral Mainz's Castle and Ruins near Lorch – HEIMBURG and NOLLIG RUINS

Heimburg Castle was built by the Electoral Mainz at the end of the 13th century as a castle for the siege of its enemy, the Counts Palatinate, by the Electoral Mainz at the end of the 13th century. Repeatedly destroyed by looting and fire, the industrialist Hugo Stinnes had it rebuilt in the 19th century. Today the castle is still privately owned. Nollig Castle ruins on the opposite banks of the Rhine near Lorch were originally a massive watchtower in a strategically important position on a high protruding part of the mountain (called a "mountain nose" because of its shape). Looking down from the castle walls there is a fabulous view of where the River Wisper flows into the Rhine.

HEIMBURG Y LA RUINA NOLLIG – Fortificación fronteriza de los Príncipes Electores de Maguncia y las ruinas de Lorch

Utilizada como fuerte defensivo por los maguntinos contra los condes palatinados, el castillo de la patria "Heimburg" se erigió a finales del siglo XIII. Este castillo sufrió sucesivos expolios e incendios hasta que el Industrial Hugo Stinnes encargó reconstruirlo en el siglo XIX. Aún hoy el Castillo permanece en manos privadas. Las ruinas del Castillo Nollig emplazado a la otra orilla del Rin, cerca de Lorch, albergaban en tiempos una torre de vigilancia con una ubicación muy estratégica sobre la colina del monte. La vista panorámica de las que se puede disfrutar desde las murallas, ofrece una perspectiva preciosa sobre la desembocadura del río Wisper en el Rin.

▲ **Castle ruins Nollig above Lorch**
Ruina del Castillo Nollig sobre Lorch

▼ **Heim Castle above Niederheimbach**
Heimburg sobre Niederheimbach

Sleeping Beauty Awakened – FÜRSTENBERG RUINS

Grey castle ruins are transformed into a beauty. The building was thoroughly restored in 1995 – mostly through the commitment of a private initiative. The history of Fürstenberg ruins is quickly told: At the beginning of the 13th century Cologne's Archbishop Engelbert I feared for his richly filled privy purse. His diocese was entitled to Rhine and road tolls. Yet these were threatened by attacks by Mainaz's archbishop and the Wittelsbacher Count Palatinate from the nearby Stahleck Castle. So Cologne's archbishop had the huge Fürstenberg fortifications built on a triangular mountain spur above the Gailsbachtal. Today the ruins are privately owned and can be viewed upon request.

La ruina del CASTILLO FÜRSTENBERG – El dulce despertar de Bella Durmiente

Unas ruinas grises se convierten en belleza. Esta construcción fue restaurada por completo en el año 1995, gracias en su mayor parte a la iniciativa privada. La historia de la ruina de Fürstenberg se tarda poco en relatar. El Arzobispo de Colonia Engelbert I tuvo miedo a comienzos del siglo XIII que le vaciaran sus bolsillos, llenos a rebosar. Su diócesis cobraba portazgos en el Rin y peajes en carreteras. Sin embargo, corría serio peligro de ser atacados por el Arzobispo de Maguncia y los Condes de Palatinado, la casa Wittelsbach, desde el cercano castillo de Stahleck. Por este motivo el Arzobispo de Colonia mandó erigir esta enorme fortaleza defensiva sobre un espolón triangular situado sobre el valle de Gailsbach. La ruina se encuentra actualmente en propiedad privada y puede ser visitada a petición.

Fürstenberg castle ruins above Rheindiebach

Ruina del Castillo Fürstenberg sobre Rheindiebach

Mediaeval Town Surrounded by Vines BACHARACH – BURG STAHLECK

Bacharach is a town for true romantics and impresses with its picturesque location at the entrance to Steeger Tal, where the River Münzbach meets the River Rhein. For centuries winegrowing has characterised the townscape and in particular the landscape surrounding the small mediaeval town, even though the importance of its wine trade in international circles no longer matches the glorious times of the Wittelsbachers.

In Bacharach time seems to have stood still. "You feel as if a giant who dealt in antiques wanted to open a bric-a-brac shop on the Rhine, took a mountain as its frame and then set out a stack of enormous old bits and pieces, from top to bottom, in his giant taste," reported the French author Victor Hugo when taking a trip down the

BACHARACH / BURG STAHLECK – La villa medieval que emerge entre los viñedos

Bacharach es una ciudad muy del gusto de los románticos. Impresiona su pintoresco emplazamiento al inicio del valle Steeger, justo donde desemboca el Münzbach en el Rin. Los viñedos impregnan desde hace siglos el relieve de la ciudad y especialmente el paisaje alrededor de esta pequeña ciudad medieval, aunque aquellos gloriosos tiempos del comercio internacional del vino de Wittenbach ya nunca volverán.

En Bacharach parece detenerse el tiempo: "Es como si un gigante anticuario hubiera querido montar en medio del Rin una cacharrería, tomando un monte como armazón y cubriéndolo de objetos antiguos", decía el escritor francés Víctor Hugo en Bacharach durante una visita al Rin. Callejuelas estrechas, casas de fachadas entramadas

▾ **View of Bacharach with Werner Chapel**
Panorámica sobre Bacharach con la Capilla Wernerkapelle

Rhine while visiting Bacharach. Narrow alleys, old timber framed houses, oriels, turrets, gates, stairs and wall remains dominate the townscape. Motorised vehicles are mostly banned to car parks outside the town's walls – and so you can enjoy wonderful promenades along the cobbled paths and stop in wine bars and old guesthouses to enjoy a liquid refreshment and good Rhenish cuisine.

Past the Werner Chapel, a relict of the dark past of persecution of the Jews in the 13th century, Burg Stahleck towers up high above the town. The castle was

antiguas, miradores, pequeñas torres, puertas, escaleras y restos de murallas conforman el perfil de esta noble villa. Los vehículos motorizados tienen que dejarse aparcados forzosamente en los aparcamientos previstos fuera de la muralla de la ciudad. Así resulta un placer enorme pasear sobre los caminos empedrados, tomando de vez en cuanto un vino en sus bodegas y comiendo en sus anti-

▲ **Werner Chapel – *Capilla Wernerkapelle***

▼ **Stahleck Castle – *Castillo Stahleck***

Bacharach with Stahleck Castle and Werner Chapel
Bacharach y el Castillo Stahleck y la Capilla Wernerkapelle

first mentioned in official documents in 1135 as a fief of Cologne. Emperor Friedrich I, Barbarossa, later gave the stronghold to his half-brother Konrad von Hohenstaufen, before it passed to the Bavarian Wittelsbacher dynasty

guos Restaurantes, expertos en la deliciosa gastronomía renana.

Dejando atrás la capilla de Werner, una reliquia de la persecución a los judíos en el siglo XIII que encumbra toda la ciudad, aparece la fortaleza de Stahleck. Este castillo aparece documentado por primera vez en el año 1135 como feudo de Colonia. El emperador Federico I

Bacharach – "Altes Haus" (Old house)
Bacharach – "Altes Haus"

View of Bacharach and the Rhine
Panorámica sobre Bacharach y sobre el Rin

through a clandestine marriage. In the Palatinate war of succession the castle and town were destroyed by French troops. It wasn't until the beginning of the 20th century that today's youth hostel was built on the foundation walls of Burg Stahleck. The ring and face walls and the Bergfried were rebuilt later.

Barbarossa lo cedería después a su hermanastro Konrad von Hohenstaufen, antes de que cayera en manos de los Wittelsbacher, tras un matrimonio celebrado en secreto. Durante la guerra de sucesión de Palatinado las tropas francesas destrozaron tanto la ciudad como la fortaleza. Sería a comienzos del siglo XX cuando sobre los restos de las murallas se erigió el actual Albergue juvenil en el Castillo de Stahleck. Posteriormente se reconstruyeron también las murallas frontales y circundantes así como la torre de vigilancia.

Bacharach – market square – ***Bacharach – Plaza del mercado***

As Far as the Eye Can See – VINEYARDS

Wine is an "primary element" of human history and has accompanied Homo sapiens throughout the millennia. The Rhine is especially predestined for winegrowing. Vines love sun and moisture. Grapes from the steep vineyards of the Rhine have always been in demand, as the they produce a particularly high-extract and the fine wines produced from them are interesting and full of character. Illustrious locations in the winegrowing regions of Rhinehessen, the Rhinegau and Middle Rhine bear witness to a long winegrowing tradition. Crisp, tangy Rieslings dominate, Riesling-Silvaner, red and white Burgundies can also be found. The vintner's work is hard, but the pleasured received from their good products is all the more valuable.

VIÑEDOS y más viñedos

El vino forma parte de la historia de la humanidad desde la edad de piedra, acompañando al homo sapiens durante los siglos de los siglos. Precisamente el Rin parece estar predestinado a la plantación de viñedos. A las viñas les gusta el sol y la humedad y los nobles vinos del Rin han estado siempre muy solicitados. Especialmente de las viñas plantadas en las pendientes pronunciadas de las colinas, se obtienen vinos muy elegantes y aromáticos. Los viníferos en capas llenas de diferentes tonalidades que se pueden ver en Hesse del Rin, en la comarca del Rin del Rheingau y en el Rin Central, dan una idea de la vinicultura tradicional que esconden estas tierras. Dominan los Riesling frescos, los Rivaner así como la variedad de uva blanca y roja de Borgoña. El trabajo de los vinicultores es duro, pero se ve plenamente compensado por la satisfacción de su excelente cosecha.

Stone Ship in the Rine – the "PFALZ"

A "Stone Steamship" rides at anchor on a Rhine Island for ever and ever: the "Pfalzgrafenstein" fortifications near Kaub. The King Ludwig the Bavarian had the castle built in 1327 as a toll point. That did not suit the wine shippers of the Papal monasteries at all, as it made their goods considerably more expensive when transported on the Rhine. There was trouble with Pope John, who even excommunicated the "greedy" tax collector from Bavaria. The scantily furnished building continued to serve as a toll station until 1866. But before this, in the winter of 1813/14 the "Pfalz" shifted into the sights of European history. The Prussian General Blücher and his army crossed the Rhine at this point, which led to Napoleon's fall. It is still possible to cross and view the Pfalzgrafenstein today, however only when the water in the Rhine is at a normal level.

El "PFALZ" – Un barco de piedra en medio del Rin

Una isla del Rin contará ya para siempre con una "embarcación de piedra", la fortificación de "Pfalzgrafenstein" en Kaub. El Rey Luis de Baviera mando levantar este castillo en 1327 como aduana para exigir portazgos, lo que no les gustó en absoluto a los comerciantes del vino de los Monasterios papales, ya que encarecía desorbitadamente el tránsito sobre el Rin. Se produjo un conflicto entre el Papa Juan y el ávido recaudador de Baviera, lo que le costó la excomunión. Aún en 1866 esta fortificación, equipada de manera muy sencilla, se utilizaba para el cobro de portazgo. Sin embargo durante el invierno de 1813/14, el castillo "Pfalz" pasó a formar parte de la historia europea. El general prusiano Blücher y su regimiento, cruzaron aquí el Rin, lo que condujo a la caída de Napoleón. Incluso en nuestros días se puede cruzar aquí el Rin y visitar el castillo de Pfalzgrafenstein, siempre y cuando el nivel del agua sea el normal.

Pfalzgrafenstein Castle in the Rhine near Kaub
Castillo Pfalzgrafenstein en el Rin cerca de Kaub

Kaub with Gutenfels Castle
Kaub y el Castillo Gutenfels

Fortified and Homely – BURG GUTENFELS

Surrounded by vineyard terraces, the fortified and residential castle "Gutenfels" has its dominating guarding position above the Rhine town of Kaub. Originally owned by the Falkenstein family, it changed hands repeatedly from 1277. Following the failed siege by Landgrave Wilhelm of Hesse in 1504, it was named "Gutenfels" ("Good Rock"). At the beginning of the 19th century the House of Nassau-Usingen auctioned off the building and grounds. Among others, Gustav Walter from Cologne ensured it was rebuilt.

CASTILLO DE GUTENFELS – Noble fortaleza

El Castillo de Gutenfels emerge dominando la localidad renana de Kaub, rodeada de viñedos aterrazados. Este castillo residencial y fortaleza estuvo antiguamente en manos de la Familia Falkenstein, cambiando a partir del año 1277 varias veces de propietario. Tras superar la ocupación del landgrave Guillermo de Hesse en 1504, fue bautizada con el nombre de "Gutenfels". La Casa Nassau-Usingen ordenó a comienzos del siglo XIX el derrumbe de las instalaciones por subasta. Formaba parte Gustav Walter de Colonia del círculo de personas que se encargaron posteriormente de su reconstrucción.

Only the Kestrels Live Higher – "Auf der SCHÖNBURG" High above the Oberwesel – the Town of Towers and Wine

It rustles and creaks in the old library of the grand "Schönburg" near Oberwesel. A dark past flashes through your mind when you look into the prison tower. It as if someone automatically pulls on an iron armament over the walls to protect them from the former inhabitants. Living Middle Ages wherever you go. The castle itself was first mentioned in the 12th century. At around the same time, the Schönburgers were the administrators and collected the toll on the Rhine.

Stone balls at the entrance to the castle today bear witness of what happened to the Rhine boatmen if they failed to pay their toll. In 1689, during the Palatinate War of Succession, French troops set fire to the town and the castle. For two hundred years it remained one of the "most admirable piles of debris in Europe" (Victor

El Castillo de SCHÖNBURG, sobre OBERWESEL – La villa de las torres y del vino; sólo los halcones viven más alto

Cruje la antiquísima biblioteca del noble castillo de "Schönburg"en Oberwesel. La torre de la prisión nos hace intuir un oscuro pasado. Es como si se colocase una armadura de hierro sobre la muralla como protección de los antiguos inquilinos. Aquí la edad media recobra vida. El castillo en sí se citó por primera vez durante el siglo XII, aproximadamente al mismo tiempo que los habitantes de Schönburg regentaban como corregidores, exigiendo el pago de peaje por pasar por el Rin. Las grandes bolas de hierro que adornan la entrada aún en nuestros días, dan una idea de lo que les esperaba a los navegantes del Rin si no cumplían con su deber con la aduna al cruzarlo. Durante la guerra de sucesión de Palatinado, las unidades francesas incendiaron en 1689 tanto la villa como el castillo. Durante doscientos años este lugar lució como

Hugo). Since 1957 the Schönburg has been leased by a family of hoteliers and today it is a "diamond" among the gastronomic jewels on the Rhine. It is also home to the international "Youth Castle" of the Kolping family. From below, seen from the Rhine, the Schönburg almost appears to be enthroned above the clouds, mighty and invincible. From above, viewed over the battlements of the castle walls, if offers a delightful landscape. Vineyards, church towers and house roofs of the small, peaceful town of Oberwesel, whose fortification walls and towers have been lovingly restored and most of which can still be walked along to this day. The red shimmering "Liebfrauenkirche" (Church of Our Lady) of Oberwesel with its impressive gold altar was where the UNESCO celebrations were held in 2003 as the Middle Rhine Valley was recognised as a world heritage site.

"el mayor vertedero de Europa" como lo calificó el genial escritor Víctor Hugo. Desde 1957 este bellísimo inmueble pertenece a una familia de hoteleros y es actualmente el "diamante" entre las joyas gastronómicas junto al Rin. También aquí se acoge el Albergue Juvenil Internacional de la familia Kolping. Visto desde abajo, este palacio parece suspendido entre las nubes e inaccesible. Desde arriba, desde la azotea de la muralla, se despliega ante nosotros un paisaje muy bello. Se mezclan viñedos, torres y los tejados de las casas de la pequeña y tranquila ciudad de Oberwesel, cuya muralla de refuerzo y torres lucen brillantemente restauradas y que pueden visitarse incluso hoy día. La Iglesia de Nuestra Señora, de color rojizo brillante, es la joya de Oberwesel, con su impresionante altar de oro, declarado en el año 2003 monumento de la UNESCO, con motivo del nombramiento como patrimonio universal de la comarca del Rin Central.

Oberwesel with Schönburg Castle
Oberwesel y el Castillo Schönburg

St. Martin's church
Iglesia de San Martín

Church of Our Lady
Iglesia de Nuestra Señora de la Asunción

A Bare Rock Protrudes into in the Rhine – the LORELEY

No more than a bare rock? Oh yes indeed, the massive block of rock near St. Goarshausen majestically stands in the way of the torrential course of the river. Rising straight as a ramrod and located directly on the banks of the Rhine the Loreley attracts tourists from all over the

La LORELEY – Un acantilado que emerge del Rin

Es algo más que simplemente una roca que aparece de pronto en medio del cauce del Rin. Majestuoso emerge un bloque macizo de roca cera de San Goardo, en medio de un Rin acelerado. El acantilado de Loreley sobresale recto como una vela y se desploma justo a orillas del Rin. Esta

world. Standing at the very top and experiencing the absolutely beautiful panorama has become a duty of anyone visiting the Rhine.

In the visitors' centre on the Loreley rocks you can enjoy a multimedia presentation on its history and stories. Apart from an open air stage for an audience of 15 000 there is also a hotel here. And anyone seeking the "Lore from the Ley" will find here several times: One statue is located on

roca mítica es un reclamo publicitario para miles de turistas a escala internacional. Cuando se alcanza su cima, se disfruta de un panorama idílico sin igual, por lo que se ha convertido en un lugar turístico de visita obligada.

En el centro turístico de Loreley, se reproducen por vía multimedia las historias e historia que rodea esta leyenda. Junto al escenario de luz natural que cuenta con un aforo de 15.000 personas, también hay un hotel. Para aquellos que quieran emprender la búsqueda de "Lore von der Ley", se encuentra aquí en el lugar indicado. La estatua se encuentra sobre el acantilado y otra aún más famosa tallada en bronce, sobre una península del Rin.

Sin embargo, esta roca no es conocida únicamente por las vistas de las que se disfrutan desde lo alto del acantila-

Katz Castle above St. Goarshausen
Castillo Katz en San Goardo

the mountain, another, the more famous one made from bronze, is on a peninsula on the Rhine.

Yet the rock not only owes its fame to the view, but primarily the romantic currents. Clemens Brentano and later Heinrich Heine created the legend of the virgin with the long blond curly hair, whose sweet song caused many an inattentive boatman and his boat to sink in the waters.

do, sino también porque aquí el Rin se estrecha de forma espectacular, formándose corrientes rápidas y remolinos. Clemens Brentano y después Heinrich Heine encontraron en la ninfa hechicera con trenzadas doradas a su musa, quien con sus bellos cantos sentada en la roca atraía a la muerte a más de un navegante despistado.

▾ **Loreley**

Loreley statue – ***Estatua de la Loreley***

"The Seven Virgins" – ***"Las Siete Vírgenes"***

A Delightful Coexistence – BURG KATZ – ST. GOARSHAUSEN

Steep rock slopes, narrow bank edges, deep cut valleys, the wide river – and above all these a mighty castle is enthroned on high and defines the landscape above St. Goarshausen. Burg Katz, actually called Neukatzenelnbogen, was built on the northern projection of the Lorelei massif at the end of the 14th century on behalf of Graf Wilhelm II of Katzenelnbogen. After his lineage died out,

CASTILLO KATZ Y SAN GOARDO – Convivencia en armonía

Entre barrancos pendientes, estrechas orillas y vales profundos, avanza el caudaloso río Rin, y sobre todo ello emerge el imponente castillo Katz (gato) imponente que determina claramente el relieve del paisaje de San Goardo. El Conde Guillermo II von Katzenelnbogen encargó levantar a finales del siglo XIV el Castillo Katz, en realidad Neukatzenelnbogen, en el paso norteño del

in 1479 the castle became the property of the Landgraves of Hesse and together with Rheinfels and Reichenberg castles forms a powerful fortification. The French brought this to an end under Napoleon in 1806 and Katz Castle was blown up. Almost one hundred years later it was rebuilt based on the original buildings. Since 1989 the castle has been the private property of a Japanese industrialist and is not open to

macizo rocoso de la Loreley. Tras no quedar herederos, la fortificación pasó en 1479 a manos de los landgraves de Hesse, quienes formaron junto con los Castillos Rheinfels y Reichenberg un colosal fuerte defensivo medieval. Después los franceses, al mando de Napoleón en 1806, volaron por los aires el Castillo Katz. Aproximadamente cien años después se reconstruyó, inspirándose en el original. Desde el año 1989 este castillo es

◂ **Katz Castle**
Castillo Katz

▸ **St. Goar**
San Goardo

the public. All the more the people of St. Goarshausen enjoy visitors. The former fishermen and winegrowing village not only offers its guests historical culture such as St. Martin's church and the round tower. It also shows them its "Rhenish cheerfulness" confirmed by numerous festivals such as the Whitsun market and the vintners' festival in the autumn.

propiedad privada de un industrial japonés, por lo que no puede ser visitado. Sin embargo, la hospitalaria villa de San Goardo se sigue alegrando a diario de recibir tantos visitantes. Este pueblo pesquero y vinicultor no sólo tiene para ofrecer monumentos históricos como la Iglesia de San Martín y su torre redonda. También le invita a participar "de la alegría renana de vivir" en sus numerosas fiestas como el mercado de Pentecostés y la fiesta de la vendimia en otoño.

▸ **Katz Castle** – *Castillo Katz*

▾ **View of the Rhine and St. Goar**
Panorámica sobre el Rin y San Goardo

556
KRANER

St. Goar with Rheinfels Castle
San Goardo y Castillo Rheinfels

Where Saint Goar did his Holy Work – ST. GOAR

The lively town of St. Goar is visited by numerous tourists the whole year round. It is named after a monk from Aquitaine in France. In the 6th century, after being ordained as a priest, he took up residence near a settlement on the Rhine – today's St. Goar. Today the patron saint of landlords and potters, at that time he led boatmen through the Rhine's tides, helped the sick and needy and provided meals for travellers passing through. The townscape is substantially characterised by the collegiate church built with a Romanesque crypt on the remains of the former Goar Chapel.

El hogar de SAN GOARDO

Esta hospitalaria localidad llena de vida, que es visitada por muchos turismos en cualquier época de año, debe su nombre a un Monje de Aquitania en Francia. Una vez consagrado Sacerdote, se asentó en el siglo VI cerca del Rin, en lo que actualmente es San Goardo. Convertido en patrón de los hosteleros y cazueleros, en tiempos ayudó a muchos navegantes a luchar contra las mareas y tempestades del Rin, a enfermos y necesitados y atendió a muchos viajeros visitantes. El relieve de esta localidad viene determinado por la Colegiata con la cripta romana que fue erigida sobre los restos de la antigua capilla de San Goardo.

Most Extensive Castle Ruins on the Rhine – BURG RHEINFELS

The Counts of Katzenelnbogen are involved yet again; In 1245, Count Diether V arranged for the construction of the high Rheinfels Castle, which through its colourful court life had a considerable influence on cultural life in the Middle Rhine. And this did not change for a long time, even after the Landgraves of Hesse took possession. As one of the largest fortifications on the Rhine, Burg Rheinfels fell to the French in the 18th century. As the keep and castle had been blown up, from 1818 it was used as a quarry for the reconstruction of Ehrenbreitstein.

In 1843, Crown Prince Wilhelm of Prussia, later Kaiser Wilhelm I, bought the ruins above St. Goar. He had neither the time and frame of mind nor the necessary funds to rebuild Burg Rheinfels. So the fortifications remained destroyed to a large extent – apart from individual, lovingly restored buildings such as the salt and stocks building at the entrance. Today the city fathers of St. Goar are responsible for preserving the buildings, in particular

CASTILLO DE RHEINFELS – La ruina más grande de todo el Rin

De nuevo aparecen en escena los Condes de Katzenelnbogen: El Conde Diether V encargó en el año 1245 la construcción a lo alto del Castillo Rheinfels. La vida noble y cortesana que se llevaba en este castillo marcaba la vanguardia cultural del Rin Central en aquella época. Y ello no cambió tampoco cuando el landgrave de Hesse se hizo cargo del castillo ni mucho tiempo después. Siendo como era la mayor fortaleza defensiva del Rin, fue tomada en el siglo XVIII por los franceses. Una vez volada la torre de vigilancia y el propio castillo se utilizó a partir del año 1818 como cantera para la reconstrucción de la fortaleza de Ehrenbreitstein. El Príncipe heredero Guillermo de Prusia, quien después sería el Emperador Guillermo I, compró en 1843 la ruina sobre la localidad de San Goardo. Para reconstruir el Castillo de Rheinfels parece ser que le faltaron tiempo y ganas, así como el dinero necesario en metálico. Por esta razón esta fortaleza medieval permaneció durante años en un estado lamentable, exceptuando las pequeñas restauraciones que se hicieron con mucho gusto en la casa de la entrada. Los ediles

View of St. Goarshausen with Katz Castle
Panorámica sobre San Goardo y Castillo Katz

▾ View of St. Goar and Rheinfels Castle
Panorámica sobre San Goardo y Castillo Rheinfels

Rheinfels Castle above St. Goar
Castillo Rheinfels sobre San Goardo

Rheinfels Castle above St. Goar
Castillo Rheinfels sobre San Goardo

and in an exemplary way the members of the Hanseatic Order. A hotel and restaurant, a giant cellar hewn out of the rock, extensive underground passageways, exhibition rooms with numerous exhibits and archaeological finds and the old Rheinfels Apothecary invite you to enjoy an impressive visit.

de la Casa Consistorial de San Goardo se ocupan actualmente de la conservación de la instalación, y especialmente de un modo ejemplar los miembros de la Unión Hanseática del Norte. Merece la pena visitarse el Hotel-Restaurante así como las bodegas de roca, los largos pasillos subterráneos y los amplios salones de exposición que siempre cuentan con exposiciones muy interesantes, sin olvidar las excavaciones y la antigua farmacia bajo la roca del Rin. Todo ello dejará un recuerdo imborrable en su memoria, después de visitarlo.

Where the Falcons live – BURG MAUS

"Burg Maus" (Mouse Castle), situated above the small town of Wellmich, has many names, for example Deuernburg or Thurnberg. Built by the Archbishop of Trier with the Emperor's approval in the middle of the 14th century, it was initially caused Peterseck. It was used to protect the acquired property against the Graf of Katzenelnbogen who ruled in Burg Katz. This gave the castle its nickname "mouse", because it was somewhat smaller than "cat's" castle. Burg Maus ended as a ruin in 1806 because no one maintained it and several wars had left behind their damage and destruction. Between 1900 and 1978 these defects were however corrected to a large extent. Apart from valuable furniture and collections, today the castle is home to an eagle falcon park.

CASTILLO DE MAUS – donde se esconden los halcones

El Castillo del ratón, Burg Maus, que se sitúa sobre la pequeña localidad de Wellmich, ha recibido muchos nombres, como por ejemplo Deuernburg o Thurnberg. Mandado levantar por el Arzobispo de Tréveris con el visto bueno del Emperador a mediados del siglo XIV, primero se llamó Peterseck. Sirvió como protección defensiva del patrimonio adquirido, y como fortaleza contra las reacciones hostiles del Castillo del gato, Burg Katz, es decir de los Condes de Katzenelnbogen. Estos bautizaron de forma despótica al Castillo con el sobrenombre de ratón, dado que era algo más pequeño que el suyo. El Castillo Maus acabó en ruinas en el año 1806, como consecuencia de la falta de mantenimiento y los daños sufridos en las sucesivas guerras. Entre 1900 y 1978 se subsanaron todos estos desperfectos, reconstruyéndose totalmente. El Castillo guarda actualmente en su interior interesantes colecciones y muebles, así como un centro de cetrería con águilas y halcones.

◂ "Streitmauer" (defensive wall)
Muro de las disputas

"THE HOSTILE BROTHERS" – Burg Sterrenberg and Burg Liebenstein

A legend, which repeatedly preoccupied the Romantics of the 19th century: Two brothers who waged war against each other in the two castles above the town of Kamp-Bornhofen so vehemently, that they built a defensive wall between them and from then on went their separate ways.

Sterrenberg was built as Reichsburg, around 1190 it fell as fief to the lords of Bolanden. After the structure was acquired by the electors of Trier in the 14th century, the Bolandeners moved to Trutzburg Liebenstein to the south. It was at this time that the defensive wall was built, still in a good condition today. Liebenstein was built between 1284 and 1290 by Albrecht von Lewenstein as protection against the belligerent family.

Both castles, restored once more, invite you to participate in numerous activities as part of a trip along the Rhine.

Los Castillos Sterrenberg y Liebenstein – DOS HERMANOS IRRECONCILIABLES

Existe una saga que siempre conmovió a los románticos del siglo XIX: había dos hermanos en estos castillos a lo alto de la localidad de Kamp-Bornhofen que siempre estaban discutiendo, hasta que levantaron un muro y separaron sus caminos. El Castillo de Sterrenberg se levantó en su día como castillo de Reichsburg, pasó en 1190 a formar parte del feudo de los Señores de Bolanden. Una vez adquirida toda la construcción por el Arzobispo de Tréveris en el siglo XIV, los Bolanden huyeron a la torre de defensa de Liebenstein situada al sur. Por aquel entonces se levantó el muro de separación, que aún hoy se conserva muy bien. Liebenstein se construyó entre 1284 y 1290 por Albrecht von Lewenstein para proteger a esta polémica familia.

Ambos castillos, muy bien restaurados, invitan a numerosas actividades dentro de la visita al valle del Rin.

The "Hostile Brothers" above Kamp-Bornhofen
Dos hermanos irreconciliables que velan por Kamp-Bornhofen

Pilgrimage Church and Franciscan Monastery – KAMP-BORNHOFEN

As Camp in the 9th century and Burginhoven in the 11th century, the two closely linked settlements were already mentioned in official documents. The town has had its present day name since 1948. The townscape is characterised by the monumental pilgrimage monastery of St. Mary in Bornhofen. The bailiff and knight Johann Brömser of Rüdesheim arranged for the church to be built, which was consecrated in 1435. Initially inhabited by Capuchin monks, since 1890 the Franciscan order has been entrusted with the pilgrimage. Kamp-Bornhofen, formerly a very traditional rafter and boatmen community, has a rich stock of historical buildings in the form of farm estates and noblemen's houses and old maintained half-timbered buildings from the 13th to 19th century.

KAMP-BORNHOFEN – Santuario y Monasterio Franciscano

Los dos asentamientos muy próximos entre ellos de Camp y Burginhofen, se documentaron muy pronto: Camp en el siglo IX y Burginhofen en el siglo XI. En el año 1948 la ciudad fue rebautizada con su nombre actual. El monumento que determina el relieve de este municipio es el monumental Santuario de Nuestra Señora de Bornhofen. Johann Brömser, autoridad administrativa y caballero de su época, ordenó levantar esta edificación sagrada, que fue inaugurada en el año 1435. Sus primeros huéspedes fue la Orden de los Capuchinos y desde 1890 el cuidado y mantenimiento del Santuario se ha confiado a la Orden religiosa de los Hermanos Franciscanos. Kamp-Bornhofen era conocida antiguamente por su tradicional navegación. Actualmente Kamp-Bornhofen cuenta con un importante patrimonio histórico, que incluye fincas de explotación agraria y cortes señoriales con casas de paredes entramadas de los siglos XIII al XIX muy bien conservadas.

Sterrenberg ruins
Ruina Sterrenberg

Liebenstein ruins
Ruina Liebenstein

The "Pearl" of the Middle Rhine – BOPPARD

The "rich" town of Boppard with its some 17000 inhabitants has many bright characteristics to recommend it. Historic attractions lie next to each other like a string of pearly. Lovingly "polished" by the inhabitants, the late Romanesque parish church of St. Severus towers up above at the

BOPPARD – La perla del Rin Central

La ciudad de Boppard con sus 17.000 habitantes brilla con mucho esplendor por varios motivos. En Boppard hay una sucesión de curiosidades históricas dignas de visitar. Los habitantes de la ciudad se han encargado de mantener estas joyas, como por ejemplo la plaza central del mercado con la Iglesia San Severino de estilo románico y emplazado a lo alto. En ella el visitante

Bodobrica Castle – ***Castillo de Bodobrica***

View of the Rhine – ***Vista del Rin***

St. Severus' Church – ***Iglesia de San Severino***

central market place. There visitors can wonder at a 1500 year old early Christian baptismal font. Not far from there a late Roman castle has been dug up and large parts of it rebuilt. The fortifications are among the best-preserved relicts of the former Roman occupying forces. the Königshof, in which a wine-growing estate now has its head office, several monasteries and the "Alte Burg" or "Old Castle" with its fortified keep stem from the Middle

podrá admirar una pila bautismal del cristianismo temprano de más de 1500 años de antigüedad.

Cerca de esta Iglesia se excavó un Castillo de estilo románico tardío, volviéndose a reconstruir en gran parte. La fortaleza pertenece a las reliquias mejor conservadas de la ocupación romana. De la Edad Media proceden el Castillo de Königshof, actualmente la cuna de los viñedos renanos, que cuenta con varios conventos y monasterios,

Boppard – Panoramic view of the Rhine
Boppard – Panorámica sobre el Rin

◂ **View of the "four lakes"**
Panorámica Vierseen

la torre vieja, que antiguamente formaba parte de la fortificación. En este Castillo en el que los Príncipes Electos de Tréveris exigían el pago de portazgos, se halla la mayor colección de muebles de madera de estilo para castillos. Su inventor, el insigne Michael Thonet, es hijo de la ciudad de Boppard.

A la altura de Boppard se forma el mayor meandro del Rin. Junto a él están los viñedos de Bopparder Hamm,

Ages. In this former toll castle of the Trier Prince Electors you will find the largest collection of "bentwood" furniture, among other things. Its inventor, Michael Thonet, was a son of the town of Boppard. Situated on the largest curve in the Rhine, an excellent wine grows on the steep slopes of the "Bopparder Hamm" – like in an amphitheatre. Year in and year out it attracts thousands of visitors to the town's wine festival.

Last but not least the several kilometre long Rhine promenade invites you to stroll and spend a

▾ **Large bend in the Rhine near Boppard**
El meandro del Rin en Boppard

▾ **Boppard**

Boppard

while. Here the ships of the "white fleet" drop their anchors and during the warm season they cruise through the romantic valley with their guests at a leisurely pace.

emplazados en una especie de anfiteatro. De estas viñas procede un vino excepcional, que año tras a año atrae a miles de visitantes a visitas este lugar. La rivera del Rin que cuenta con varios kilómetros, invita a pasear y a descansar. Aquí es donde fondean los barcos de la "flota blanca", navegando en los meses más templados del año, con sus pasajeros por el interior del romántico Valle del Rin.

Boppard

Home of the German Castles Association – MARKSBURG

The Lords of Braubach probably established the fortified Marksburg at the beginning of the 12th century. Situated on a steep conical mountain, the Marksburg is the only high castle on the Middle Rhine never to be destroyed. The town of Braubach, in former times known for its flourishing wine trade and still blessed with well maintained half-timbered houses to this day, virtually lies at its feet. The Lords of Eppstein once resided in the Marksburg, after them the Counts of Katzenelnbogen, until the Hessians and later the Nassauers moved in. The Prussians followed in 1866. Just like its owners, its use also changed repeatedly through the centuries.

As a residential castle and fortification its existence was proud, the castle also served as a prison and a home for the invalid. Since 1931 the "Deutsche Burgenvereinigung" (German Castles Association) has had its head office on the Marksburg. Those who don't wish to take the arduous path up to the castle by foot or with their own car can

MARKSBURG – La sede de la Unión Alemana de Castillos

Parece ser que fueron los Señores de Braubach los que fundaron esta inexpugnable fortificación a comienzos del siglo XII. Emplazada sobre un cono escarpado del monte, Marksburg es de todos los castillos construido en la cumbres de los montes a lo largo del Rin Central, el único que ha llegado intacto hasta nuestros días. La localidad de Braubach se extiende a sus pies y fue conocida en otros tiempos por el intenso comercio del vino, conserva aún hoy lindas fachadas entramadas. En el castillo de Marksburg residieron antiguamente los Señores de Eppstein y después el Conde de Katzenelnbogen, hasta que llegaron los Señores de Hesse y por último los Señores de Nassau. En el año 1866 legaron aquí también los prusianos. Al igual que de dueños, también han ido cambiando los usos a los que se ha destinado tan bella fortificación durante todos estos siglos. Este castillo ha servido como residencia y fortificación, pero también como cárcel y residencia de Inválidos. En 1931 la Unión Alemana de Castillos escogió esta edificación como su sede central.

Marksburg Castle
Marksburg

Great hall – ***Sala de los caballeros***

take the "Marksburg Express" and get themselves in the right mood for the grand walls on the way.

A visit to the castle is like a trip in time through the

Quien no quiera emprender el tortuoso camino hacia arriba a pie o en el coche propio, puede optar por tomar el "Marksburg Express" y de esta forma disfrutar de ya por

Castle kitchens – ***Cocina del castillo***

Ladies' apartments – ***Aposentos femeninos***

Middle Ages. The so-called "horse riders' stairs" hewn into the rock, and which lead right inside the castle, are particularly remarkable.

Wonderful harnesses, all kinds of weapons, armour, torture equipment and stylish furniture are exhibited in the living quarters. Whether the ladies' apartment, great hall, chapel, or old smithy – it all seems real, very much alive and just as if the mediaeval lords were still present. The old castle kitchen can be booked for a mediaeval meal. The castle tavern stylishly housed in a specially built building is ideal for a snack and has plenty of space for any number of visitors.

el camino, ambientándose según va ascendiendo paralelo a las murallas. Una visita a este castillo es como realizar una excursión por la Edad Media. Llama la atención sobremanera la escalera esculpida en la propia roca, que lleva hasta el acceso del castillo. Exuberantes corazas, armas de todo tipo, armaduras, útiles de tortura y estiloso muebles nos esperan en el interior de estos muros. Tanto los aposentos exclusivos para las mujeres, los salones de los caballeros, como la capilla o la vieja fundición, todo parece completamente real, vivo, como si los señores caballeros de la Edad Media aún residieran en estos lares. La vieja cocina del castillo ofrece una exquisita gastronomía típica de los caballeros nobles de esta época. También podemos degustar un tentempié en el Mesón contiguo, que respeta el estilo del castillo y que ofrece salones generosos para los visitantes que deseen comer aquí.

Battery courtyard – ***Sala de las baterías***

Defensibly Romantic – LAHNSTEIN – BURG LAHNECK

There where the River Lahn flows into the Rhine it divides the two parts of the town: Nieder- and Oberlahnstein (Lower and Upper Lahnstein). In previous times the priority was to safeguard the citizens and town with appropriate town fortifications. Martinsburg Palace, with its strong hexagonal keep as part of these fortifications, was built in the 13th century directly on the banks of the Rhine at Oberlahnstein and is the home of the "Fastsnachtsmuseum" or Carnival Museum. The history

◂ **Martinsburg Castle**
Martinsburg

LAHNSTEIN Y EL CASTILLO LAHNECK – Una fortaleza romántica y soberana

Allí donde el río Lahn desemboca en el Rin, se separan las localidades Niederlahnstein y Oberlahnstein. En el pasado resultaba vital proteger tanto a la población como a sus municipios con seguras murallas. El Castillo Martinsburg con su fuerte hexagonal, forma parte de esta muralla de defensa que se construyó directamente a orillas del Rin en el siglo XIII. En este mismo castillo se aloja el Museo del Carnaval. La Torre de las Brujas esconde la historia de ambas partes del municipio. Especialmente famosa se hizo la Hostería de Lahn. Esta Hostería de tres pisos con paredes entramadas adquirió un gran renombre cuando el

Great hall – ***Sala de los caballeros***

of the two parts of the town is told in the Witch's Tower (Hexenturm). The "Wirtshaus an der Lahn" restaurant acquired special fame. Goethe lunched in this three-storey half-timbered building in 1774. More historic cultural assets can be found in the Salhof, the Johannis Monastery and the All Saints' mountain chapel.

Burg Lahneck, a castle but also an important witness of Romantic currents, watches over the town and also prompted Privy Councillor Goethe to write his

poeta Goethe acudía a comer diariamente en 1774. El patrimonio histórico de estas localidades se completa con los edificios de la Corte Feudal, el Monasterio de San Juan y la Capilla de Todos los Santos.

El Castillo Lahneck que se erige sobre la ciudad es un importante legado del Romanticismo que inspiró al consejero privado Goethe la poesía "El saludo del noble espíritu". El Arzobispo de Maguncia Sigfrido III mandó construir la fortaleza en el siglo XIII, al objeto de proteger

Lahneck Castle
Castillo Lahneck

Chapel – *Capilla*

poem "Geistesgruß" or "Ghost's Greetings". The Archbishop of Mainz, Siegfried III had the castle built in the 13th century to protect Mainz's estates. Destroyed on numerous occasions during the Thirty Years' War and the Palatinate War of Succession, but celebrated its rebirth when the English railway company owner Edward Moriarty rebuilt it in neo-Gothic style. Burg Lahneck, although lived in it can be visited, has a rich fitout, including valuable window panes, panel paintings, Baroque furniture and rare ceramics from Lothringen, Delft, Berlin and Meißen.

el patrimonio de Maguncia. Fue destruida en varias ocasionas durante la guerra de los treinta años y en la guerra de sucesión de Palatinado. Afortunadamente el magnate inglés de ferrocarriles Edward Moriart la mandó reconstruir con estilo neogótico. A pesar de que el Castillo de Lahneck esté habitado, bien merece una visita, ya que cuenta con un equipamiento muy interesante, como vidrieras, pinturas de banquetes, mobiliario barroco y cerámica excepcional procedente de Lothringen, Delft, Berlín y Meissen.

Sheer Appetite for Luxury – SCHLOSS STOLZENFELS

Majestic and noble a former border fortress does true justice to its name: "Stolzenfels" or "proud rock", one of the most beautiful castles in Germany, with its ochre coloured walls rises up out of the sumptuous green of the forests and provides a magnificent sight from far and wide. Arnold of Isenburg, Archbishop of Trier, established the castle buildings as a border and toll station in the middle of the 13th century. Badly damaged

SCHLOSS STOLZENFELS – El gusto por el lujo

Orgulloso emerge este castillo fortificado haciendo honor a su digno nombre. Stolzenfels es uno de los castillos más bellos de Alemania, con sus muros ocres y rodeado de bosques verdes y frondosos, ofrece un panorama a único. Arnold von Isenburg, Arzobispo de Tréveris, fundó a mediados del siglo XIII este fuerte como torre fronteriza y aduana. Destruido durante la guerra de sucesión palatina, este castillo cayó en ruinas después de haber sido utilizado con

Chapel – ***Capilla*** ▸

Great hall – ***Sala de los caballeros***

▲▼ **The Queen's living room** – ***Salón de la Reina***

during the Palatinate War of Succession, its military use finally finished at the end of the 17th century. From 1823 the ruins were gradually restored to a new glory. The "shrewd" citizens of Koblenz gave the dilapidated castle ruins to the Prussian Crown Prince and later King Friedrich Wilhelm IV as a gift. Not without ulterior motives, after all the coffers of the Rhine – Mosel city could hardly have borne the immense costs of renovating Stolzenfels.

fines militares hasta finales del siglo XVII. A partir de 1823 sin embargo, este castillo volvería a recuperar todo su esplendor. Los inteligentes ciudadanos de Coblenza regalaron al Príncipe Heredero y posterior Rey Federico Guillermo IV las ruinas de la fortificación, no sin intención, ya que eran conscientes de que el municipio de la capital del Rin-Mosela no podía asumir los inmensos gastos que conllevaría su restauración.

De acuerdo con los planos diseñados por el conocido Arquitecto berlinés Karl Friedrich Schinkel, se ejecutó incluyendo la torre de vigilancia de este castillo fortificado

Sleeping quarters – ***Aposentos***

In this way the castle ruins, including the mediaeval keep, were transformed into a neo-Gothic summer residence to the plans of the famous Berlin architect Karl Friedrich Schinkel. In 1842, with a torchlight procession and fireworks, the castle was officially opened with its old German robes. The grandeur and glory of these past eras have remained alive in Schloss Stolzenfels to this day, because the furnishings of the Royal living quarters have mostly been kept as they originally were.

It is thanks to King Friedrich Wilhelm IV's passion for collecting that there is such a rich diversity of weapons, furniture, armour and old paintings to see. The painted interiors of the neo-Gothic castle chapel and the small great hall are among the most outstanding parts from the heyday of Rhenish Romanticism. The southern flair of the pergola garden and the terrace layout form the romantic background for weddings and castle concerts.

With Schloss Stolzenfels Friedrich Wilhelm IV realised his ideas of Prussian cultural policy on the Rhine and his enthusiasm for Rhine Romanticism.

medieval, convirtiendo todas estas ruinas en una residencia noble de verano de estilo neogótico. Con ropaje de estilo germano antiguo, se inauguró en 1842 con una fiesta acompañada de fuegos artificiales y antorchas. Todo ese antiguo esplendor y gloria se mantienen vivos aún hoy en el castillo Stolzenfels, ya que la mayoría de las estancias se ha mantenido el equipamiento real original. Gracias a la debilidad por el coleccionismo del Rey Federico Guillermo IV se mantiene un amplio abanico de armas, muebles, armaduras y cuadros antiguos. Las estancias interiores de la capilla neogótica del castillo y de la pequeña sala de los caballeros, forman parte de la colección renana del Romanticismo medio. El ambiente sureño que ofrece el jardín de la pérgola y las terrazas, crean una atmósfera perfecta para enlaces matrimoniales y conciertos de palacio.

Federico Guillermo IV dejó en el Castillo de Stolzenfels su legado más apasionado sobre su personal concepto de política cultural prusiana y su entusiasmo por el romanticismo renano.

Stolzenfels Castle – Paintings – ***Palacio Stolzenfels – Pinturas***

Where "Father" Rhine and "Mother" Mosel meet – KOBLENZ

You should approach Koblenz from the water. And there are two ways for doing that. The venerable "father" Rhine and the pretty "mother" Mosel, and where the two meet they form the most famous corner in Germany – the "Deutsche Eck". The imposing structure protrudes into the tides like a ship's bow, appears to have a railing and a helmsman. The bridge of this monument was not always manned. From 1897, Kaiser Wilhelm I was the steely captain of the Deutsche Eck and demonstrated Prussian power and guard on the Rhine. During the last days of the Second World War targeted artillery fire hit the large equestrian

COBLENZA – El encuentro entre "el padre" Rin y "la madre" Mosela

Lo mejor es acercarse a Coblenza desde el agua y para ello se cuenta con dos posibilidades: A través del majestuoso río Rin o por el hermoso río Mosela. La confluencia del Rin y Mosela forman probablemente la esquina más famosa de Alemania: la Deutsches Eck. Formando una especie de castillo en forma de barco este monumento sobresale perdiéndose entre las mareas, como si estuviera gobernado por timón y marinero. El puente de mando no siempre estuvo ocupado. El emperador Guillermo I, capitaneó con mano de hierro desde 1897 la esquina alemana y confirmó el dominio prusiano y el poderío sobre el Rin. En los últimos días de la Segunda Guerra Mundial la Artillería alcanzó la gran estatua

Monument to Kaiser Wilhelm I. ▼

Monumento ecuestre del Emperador Guillermo I

Koblenz – Deutsches Eck
Coblenza – Monumento del Deutsches Eck

statue and gone was the splendour of the not undisputed Regent. For over 40 years the German flag adorned the site as a memorial to German unity, yet the "captain" returned in 1993 and led to the waves of the Rhine. Private donations made it possible and now the Kaiser once more looks down from his steed, onto lighter barges and excursion boats and not least his fortress Ehrenbreitstein. Some even call it the Rhenish Gibraltar and the comparison does not appear so unfounded, if you allow the effect of the rocks with their mighty fortifications to sink in.

Ehrenbreitstein fortress has stood defending the Rhine for over 1000 years. It once had to surrender to the French in 1799. Yet it took the Prussians to give the fortifications their impressive finish. Today visitors come from all cor-

ecuestre y y así se puso fin a la regencia del indiscutible gobernante. Más de cuarenta años presidió la bandera alemana este monumento a la Unidad Alemania, sin embargo el Capitán está de vuelta desde 1993, volviendo a surcar las aguas del Rin. Fueron donativos privados los que lo hicieron posible, y ahora el Emperador vuelve a mirar orgulloso desde su caballo, sobre grúas de transporte y barcos de excursión sin olvidar la amplia fortaleza de Ehrenbreitstein. Algunos lo llegan a llamar el Gibraltar renano y la verdad es que la comparación tampoco parece tan inapropiada, si se tiene en cuenta la impresión que la imponente roca ejerce.

Desde hace más de mil años la fortaleza Ehrenbreitstein se asciende defensivamente sobre el Rin. Los franceses

Ehrenbreitstein Fortress ▼
Fuerte de Ehrenbreitstein

◂ **Ehrenbreitstein Fortress**
Fuerte de Ehrenbreitstein

ners of the earth, live in the youth hostel, visit the state museum or simply wonder at the stone labyrinth of passageways and trenches, walls and defensive bastions. A step onto the narrow casemates is then like a coup; from its balustrade Koblenz can be experienced like a play from the front row.

The Mosel and Rhine rivers embrace the old city, which begins near the Deutsche Eck. This is where

tuvieron que rendirse en 1799. Sin embargo hasta los prusianos, este fuerte no adquirió su cara más imponente, la que se mantiene actualmente. Tanto es así que hasta nuestros días se reciben a diario visitantes de todos los países, que desean alojarse en un Albergue juvenil o visitar

Court building ▾
Casa de la Autoridad Eclesiástica

Old Castle
Castillo antiguo

the "Schängel" is at home, a cheeky, somewhat high-spirited but ultimately loveable "Kowelenzer Lausbub", who enjoys teasing unsuspecting observers with a few splashes of water at the "Schängel" fountain near the pretty Jesuit square. Such pranks are simply part of the cheerful Rhenish disposition, which as true Rhinelanders

los Museos de la zona o simplemente dejarse impresionar por fosas y desfiladeros laberínticos que rodean las murallas defensivas. Se siente una fuerte sensación de liberación cuando se logra salir por las estrechas casamatas, accediendo a la gran plaza, donde desde su parapeto se ve emerger Coblenza como una obra teatral seguida desde el patio de butacas. Los ríos Mosela y Rin abrazan el Casco Viejo que comienza en la proximidad de la

Balduin Bridge
Puente de Balduino

Am Plan – *Junto al plano*

Münzplatz – *Plaza de la Moneda*

the people of Koblenz naturally feel obliged to show. Perhaps their open hospitable mentality is also due to the fact that the Rhine-Mosel city has always been a popular place for various peoples and rulers to stay. Romans and Franconians, the French and Prussians have all ruled over the city and from the Merovingian kings and Habsburg Emperors to the great Frenchman Napoleon through to the German Kaiser, they were all here, even the Russians who chiselled a humorous reply "seen and approved" to the end of the French the French in Koblenz in a fountain stone in front of the Romanesque St. Castor's church.

But visitors also find interesting and unusual things to see elsewhere. One of the city's most beautiful squares is Florins Market with its Gothic "Kauf- und Danzhaus" (store and dance house), the old lay

Deutsches Eck. Esta es la patria de "Schängel", un pillo algo descarado pero muy simpático de Coblenza, quien da rienda suelta de vez en cuanto a sus gamberradas, salpicando a los transeúntes desde la fuente emplazada cerca de la bella plaza de los Jesuitas, quienes sorprendidos se percatan de pronto de su presencia. Este tipo de bromas forman parte de la simpatía y alegría de la naturaleza renana, con la que se identifican plenamente los renanos de pura cepa. Quizás se deba también a su mentalidad abierta, por la que la capital del Rin-Mosela haya sido en todas las épocas un lugar del gusto de diferentes civilizaciones y mandatarios. Romanos, francos, franceses y prusianos, todos ellos han pasado por la regencia de esta cuidad, y tanto los Reyes Merovingios como los Emperadores de la casa Habsburgo, pasando por Napoleón Grande de Francia, hasta el Emperador Alemán, a todos los atraía este lugar, incluso a los rusos quienes tras visitar la Iglesia romántica de San Castor, esculpieron en una piedra de la fuente la siguiente frase llena de humor "Visto y aprobado", refiriéndose al final del poderío francés en la ciudad de Coblenza.

◂ Balduin monument
Monumento a Balduino

judges court and the Florins Church. A precise look up to the clock tower of the old department store will surprise you. The "eye opener" reminds of the legend of a robber baron executed in 1536, who cheekily sticks out his tongue on the hour!

Past the old castle, the former residence of Trier's Archbishop in Koblenz, you will see the stone "Balduin Bridge", which has spanned the Mosel for more than 700 years. Passing through the idyllic Mehlgasse or Gemüsegasse you approach the old "Kowelenzer Originalen". Bronze "Marktfrau",

No obstante hay otros muchos lugares, que pueden resultar interesantes y curiosos para el visitante. Una de las plazas más bellas da cobijo al mercando Floriansmarkt, con la casa gótica Kauf- und Danzhaus, la antigua casa del Escabino y la Iglesia de San Florián. Si nos detenemos un momento en el reloj de la torre del antiguo edificio comercial nos sorprenderemos. Sus "ojeras" recuerdan a la saga en la que se cuenta que en 1536 un bandolero ejecutado continua sacando la lengua a las horas enteras.

Pasando por delante del Castillo, la antigua sede

Görresplatz with history pillar
Plaza Görres con columna histórica

Ludwig Museum
Museo de Ludovico

Electoral Palace
Castillo Arzobispal

"Gendarm", "Pfefferminzje" or "dä Gummi" statues accompany visitors through the old city, which fills with a Mediterranean flair on warm summer evenings. Street cafés sit alongside Italian ice salons and with a Latte Macchiato in your hand at the Görresplatz you can watch the large fountains spurt out the city's history. 2000 years are captured here in bronze pictures on the history column, and reflect both the city's good and bad times. But the optimistic, positively thinking Rhinelander tried to make the best of their life here in Koblenz too. And they succeeded- anyone looking behind the impish mask of the "Schängel" can experience this and the good quality of life in this Rhine-Mosel city.

del Arzobispo de Tréveris en Coblenza, la vista se nos escapa a las ruinas del puente de Balduino, que se erige desde hace más de 700 años sobre el Mosela. Paseando por la callejuela idílica de la harina y las verduras, uno se aproxima al "original de Coblenza" de otros tiempos. Las tallas en bronce como "la vendedora de mercado", "el gendarme", "la menta" o "la gominola" acompañan a los visitantes del Casco Viejo que durante los atardeceres del verano reparten un aroma casi sureño. Las terrazas de las heladerías y cafeterías italianas permiten disfrutar, con un Latte Macchiato en la mano, del espectáculo ofrecido por la gran fuente en la plaza Görresplatz, donde se reviven 2 000 años de la historia del municipio, en imágenes colocadas en la columna de la historia, que reproducen los días buenos y menos buenos vividos por esta ciudad. También aquí reside el espíritu esperanzado, agradecido y siempre positivo de los renanos, espíritu que asimismo en Coblenza siempre ha intentado dar lo mejor de sí mismo. Cualquiera que venga a visitar la ciudad del Rin y Mosela se dará cuenta, de que lo ha conseguido constatando la vitalidad que se esconde tras la máscara del pillín.

"Altes Kaufhaus" (Old Store) (Mittelrhein Museum) ▾
Antiguo comercio (Museo del Rin Central)

St. Kastor's Church ▸
Iglesia de San Castor

Princely Rural Idyll – BENDORF – SCHLOSS SAYN

Bendorf am Rhein has probably been populated since the Roman times. This is indicated for example by numerous cultural monuments such as several iron ore stack kilns and a mill museum. Yet the heart of this small tranquil town is Schloss Sayn, owned by Prince Alexander of Sayn-Wittgenstein-Sayn. Severely damaged in 1945, it was restored from 1968. Today the estate presents itself with all its former glory. In the palace park the "butterfly garden" enthrals visitors with tropical plants, rare butterflies and exotic small animals.

BENDORF y PALACIO DE SAYN – Una nobleza idílica

Bendorf am Rhein parece ser que ya estaba poblada en tiempos de los romanos. Al menos existen muchos indicios en este sentido, como los monumentos históricos, las parrillas de hornos de hierro y el Museo de Molinos. Sin embargo el icono más importante de esta localidad lo ostenta el Palacio Sayn, propiedad del Príncipe Alexander Sayn-Wittgenstein-Sayn. Muy deteriorado en 1945, se restauró en 1968. Actualmente esta construcción vuelve a brillar en su antiguo esplendor. En el parque de este palacio, miles de visitantes disfrutan en el "Jardín de las Mariposas", con sus plantas tropicales, singulares lepidópteros y su gran variedad de pequeños animales exóticos.

Tolerant Town on the Rhine – NEUWIED

Tolerant is how the royal town of Neuwied am Rhein with its more than 1.000 year old tradition has remained to this day.

At that time the citizens enjoyed remarkable privileges such as freedom of religion and freedom from taxes. Today the Mennonite church and the erstwhile Herrnhuter parish still bear witness to liberal thought. The city is flourished and its famous craftsmen such as the Roentgen brothers and Peter Kinzinq brought their furniture and artistic clocks as far as the Tsar's court.

The brilliant yellow castle built between 1707 and 1712, is still lived in by the Prince of Wied but is not open to the public.

Anyone visiting Neuwied today experiences a modern, open-minded town with numerous educational facilities.

NEUWIED – La villa de la tolerancia

La ciudad de los Príncipes Electores Neuwied am Rhein continúa siendo hoy día una ciudad fiel al talante tolerante que ha demostrado durante sus más de 1 000 años de existencia. Los habitantes de Neuwied disfrutaron ya entonces de privilegios como la liberta de religión o de impuestos. Actualmente continúan impregnados de la corriente liberal, como lo confirma la Iglesia Menonita y la antigua Sociedad Herrnhuter, de clara tendencia liberal. La ciudad floreció llena de esplendor, mientras artesanos famosos como los hermanos Roentgen y Peter Kinzing repartieron sus muebles y relojes artísticos por todo el mundo, incluida la corte de los Zares. El castillo de color amarillo fue levantado durante el periodo comprendido entre 1707 y 1712, y continúa siendo ocupado por el Príncipe zu Wied. Lamentablemente no está permitió visitar el interior. Quien se acerque hoy día a Neuwied encontrará una ciudad abierta, moder- na y con muchos centros formativos.

Neuwied Castle
Palacio Neuwied

Fortified and yet Free and Open – the "Baker's Apprentices" City of ANDERNACH

It doesn't show its 2.000 years. Andernach's bustling activity mixes with the historic monuments which guests come across in numerous places. The "Baker's Apprentices City", as it is often called on account of a legend, is still fortified to this day. Large parts of the old city wall and the mighty 56 metre high 15th century "round tower" lend the city its character. Even the troops of the French "Sun King", Louis XIV capitulated in front of the over four metres thick walls, although they had razed many other castles along the Rhine to the ground. Self-assured citizens' pride built the tower at that time.

The power of the church is demonstrated in the form of the four-towered "Mariendom" or "Mary's Cathedral".

The abundant stone ornamentation impresses and makes the Catholic parish church one of the beautiful Romanesque church buildings on the Middle Rhine. Other buildings worth seeing include the bulwark as the former toohouse, the old city castle

ANDERNACH – la ciudad de los aprendices de panadero. Una villa abierta y fuerte

Es un hecho contrastable que esta villa lleva muy bien los años que tiene, nada más y nada menos que 2000.

La jovialidad de Andernach se entremezcla con sus numerosos monumentos históricos, dignos todos ellos de ser contemplados por sus visitantes. La ciudad de los aprendices de panadores, como se la llama cariñosamente gracias a una antigua saga, aún retiene restos de fortaleza defensiva. Muchas de las partes de la antigua muralla que defendían a la ciudad en épocas pasadas, además de la torre redonda de 56 metros de alto, que data del siglo XV, conforman el relieve de este bello lugar. Las murallas de más de cuatro metros de anchura vieron capitular las tropas francesas al mando de Rey del Sol Luis XIV, tropas que causaron más de un desastre en muchos otros castillos o fortalezas sobre el Rin. Fue el orgullo de todo un pueblo el hizo posible que se levantará esta fortificación. La catedral de Ntra. Sra. compuesta por cuatro torres, hace referencia a la fuerza de la goza la Iglesia en aquel tiempo. Las filigranas esculpidas en piedra impresionan y decoran la Iglesia Sacerdotal Católica, convirtiéndola en una de las construcciones religiosas más bellas del Rin Central. En su calidad de baluarte de la antigua aduana, es interesante visitar el antiguo Castillo de los Arzobispos de Colonia y el histórico Ayuntamiento con uno de los pocos baños judíos que aún se conservan.

Mediaeval Rhine Gate
Portón medieval del Rin

◂ **The Round Tower –** ***La torre redonda***

Andernach Castle – ***Castillo Andernach***

of Cologne's archbishops and the historic "Rathaus" (town hall) with one of the few surviving Jewish baths. You can rest in the shadow of these historic buildings or stop in one of the many pleasant squares to enjoy a glass of wine from the "Leutesdorfer" vineyards on the opposite bank of the river. Andernach is also an ideal base from which to explore the neighbouring "Vulkaneifel" European Geopark with its volcanoes.

Resulta muy agradable descansar a la sombra de estos monumentos históricos o degustar una copa de vino de los viñedos de la orilla de enfrente. Andernach es además un punto de partida ideal para acceder al parque volcánico que se encuentra muy próximo con su cima volcánica.

Rhine Harbour – ***Puerto del Rin***

Church of Our Lady ("Maria's Cathedral") ▸
Nuestra Señora de la Asunción ("Catedral de la Virgen Maria")

Rooms with a Great View – BURG RHEINECK

Burg Rheineck is a further building block of 19th century Rhine Romanticism. The fortified castle, built in the 11th century by the Count Palatinate of Salm, is one of the frequently fought for, destroyed and rebuilt Rhine castles. Purchased by Moritz August von Bethmann-Hollweg in the 19th century, it was brought back to life in its historic form by Johann Claudius von Lassaux. Today privately owned and not open to the public, it is nevertheless part of the beautiful romantic castle view of the Rhine and draws all eyes to it from afar. Who wouldn't like to play the role of damsel of the castle or lord of the castle here?

CASTILLO DE RHEINECK – Habitaciones con vistas

Otra piedra angular del romanticismo renano del siglo XIX es el Castillo de Rheineck. Esta fortaleza defensiva del Conde de Palatinado zu Salm fue levantada en el siglo XI, y ha sido una de las más reñidas, destruidas y reconstruidas del Rin. Aunque fue adquirida en el siglo XIX por Moritz August von Bethmann-Hollweg, fue Johann Claudius von Lassaux quien la reconstruyó en su versión histórica que hoy conocemos. Este castillo se encuentra hoy en manos privadas, por lo que no es posible visitarlo. Aún así es uno de los castillos más bellos del romanticismo renano, atrayendo desde muy lejos todas las miradas. ¡A quién no le gustaría jugar aquí a nobles y bandidos!

Relax and Enjoy – BAD BREISIG

Always good for a break: in Bad Breisig rest and relaxation are the order of the day, which two thermal spas invite you to do. The town has been mentioned in documents since the early Middle Ages and for centuries was a fishing village with winegrowing and farming. A stroll through the town today not only passes through the "Kurpark" (spa gardens) with its mature trees, but also leads you to beautiful half-timbered houses, diverse museums and of course to the Rhine, which accompanies the almost six kilometre long riverside path.

BAD BREISIG – Relajación y disfrute

Este es un lugar perfecto para descansar. En Bad Breisig le esperan dos baños termales históricos. Ya en tiempos de Edad Media alta se cita este pueblecito que albergaba pesadores, vinicultores y agricultores. Paseando por esta villa se puede disfrutar de un rico parque alrededor del Balneario, con árboles centenarios, o admirando sus bellas casas de fachadas entramadas. También nos esperan interesantes y variados Museos y un hermoso camino a orillas del Rin, de casi seis kilómetros.

Rhine promenade
Paso del Rin

Effervescent Cheerfulness – BAD HÖNNINGEN

The city is the place to go for those seeking rest and relaxation and adventurous visitors alike. For example, the Venetian style "Krystall-Rheinpark" thermal springs and the "Schmiedgasse", Bad Hönningen's party mile, are not far apart. The fine bubbled carbon dioxide of the thermal springs is an economic factor – and its extraction decisively characterises the townscape. Culture enthusiasts find a wide range of sights to see in and around the town – for example the Hohe Haus, the Mönchhof, Burg Ariendorf and parts of the Roman Limes.

BAD HÖNNINGEN – Alegría a borbotones

Esta ciudad es el punto de inicio para aquellos visitantes que buscan combinar entretenimiento y relajación. No distan mucho los balnearios de aguas termales del parque del Rin, que parecen hechos de cristal veneciano, en la calle de la forja y la milla festiva de Bad Hönningen. Las finas aguas termales carbonatas es un factor comercial importante y su beneficio impregna el relieve de la ciudad. Los amantes de la cultura encontrarán un gran abanico de curiosidades monumentales, como la casa alta, el monasterio de los frailes, el Castillo de Ariendorf así como la parte romana del Limes.

The "Castle of the Year" – ARENFELS

Surrounded by forest and vineyards – that is how Schloss Arenfels presents itself with its brilliant yellow painted exterior. The image of a castle whose origins reach back into the 13th century. But history's turmoil has left its mark. Under the "Sun King", Louis XIV, Arenfels was occupied by the famous French General Tourenne. In the 19th century it was altered on a large scale in the neo-Gothic style and became a true symbol of Rhine Romanticism. Arenfels is also commonly called the "Castle of the Year" – because it has precisely 365 windows, 52 doors and 12 towers and turrets.

ARENFELS – El "Castillo del año"

Rodeado de bosques y emergiendo de los viñedos se presenta el castillo de Arenfels de color amarillo vivo. Es la fiel imagen de un Castillo medieval, cuyos orígenes se remontan al siglo XIII, pero como siempre sucede también aquí el paso del tiempo ha dejado su huella. Durante el mandato del Rey del Sol Luis XIV, Arenfels fue ocupado por el famoso General francés Tourenne. En el siglo XIX se reconstruyó en estilo neogótico, como estandarte del romanticismo renano. El Castillo de Arenfels también es conocido como el Castillo del Año, porque tiene exactamente 365 ventanas, 12 torres y 52 puertas.

The "Colourful Town" on the Rhine – LINZ

The colourful half-timbered buildings exposed in the 1920s gave Linz its nickname "colourful town". Through the massive 14th century Rhine gate you reach the "Burgplatz" (Castle Square) and "Linzer Burg" (Linz Castle). A former toll and stronghold today, following a thorough modernisation, it contains various exhibition rooms and offers typical castle gastronomy. At the market square in the heart of the old town stands the oldest town hall in Rhineland Palatinate – the "Rathaus" with a glockenspiel of 23 bells allows you to pause for a minute. The "Ratsbrunnen" and "Mariensäule", a fountain and column, are also located here. The town reminds us of old customs with bronze and stone figures; on the "Butter Market" stand the market woman "Agnes" and

LINZ – La "ciudad multicolor" del Rin

Las casas policromadas construidas en los años 20 con paredes entramadas, le dieron a Linz el sobrenombre de "la ciudad multicolor". A través del portón macizo del Rin de siglo XIV se accede a la plaza del Castillo y al Castillo de Linz. Fortaleza y aduana en la edad media, los aposentos y salones de este castillo medieval fueron saneados y albergan actualmente diferentes salones de exposiciones, ofreciendo además a los visitantes la gastronomía típica de los nobles castillos. En la plaza de mercado, en pleno corazo del casco viejo, se erige el Ayuntamiento más antiguo de la provincia de Renania-Palatinado, con un juego de campanas orquestado por 23 campanas, que cuando suenan al unísono invitan a la reflexión. La Casa

Castle square with electoral castle and "Linzer Strünzer" fountain
Plaza del Palacio con Castillo Arzobispal y fuente "Linzer Strünzer"

Market square
Plaza del Mercado

the "Klapperjunge" (rattle boy) and the "Linzer Strünzer" (Linzer Dandy) before the New Gate. Linz also earns its reputation as a "colourful town" in its social life, because every summer barrel organ players from all over the world meet here.

Consistorial la completa una fuente y una columna de Nuestra Señora. Las figuras de piedra y bronce rememoran los usos y las costumbres de esta ciudad en otros tiempos, como por ejemplo la vendedora "Agnes" en el mercado de la mantequilla o el niño de la carraca, así como el "Strünzer" de Linz situado ante la puerta nueva. La "ciudad multicolor Linz" también es famosa en el mundo entero por su animada vida comercial, que se hace patente anualmente durante el verano en el Encuentro I Internacional de Órganos, en el que participan organistas procedentes de todo el mundo.

Castle square
Plaza del Castillo

Apollinaris Church
Iglesia de San Apollinaris

More than just the Famous Bridge – REMAGEN

Remagen Bridge became world famous through the Second World War, as it paved the allies way across the Rhine. The "Peace Museum" in the black bridgeheads reminds of the less than glorious time. Behind the "Rathaus" (town hall) and the Church of St. Peter and St. Paul there are still numerous traces of Roman foundations. St. Apollinaris stands over the 2 000 year old town. Built in the 19th century by the master cathedral builder Zwirner, the building is similar to that of Cologne Cathedral.

REMAGEN – Algo más que sólo un puente

El puente de Remagen se hizo popular durante la Segunda Guerra Mundial, cuando lo utilizaron las fuerzas aliadas para cruzar el Rin. El Museo de la Paz con los dos cabeceros del puente nos recuerda de alguna manera aquella época. Detrás del Ayuntamiento y de la Iglesia de San Pedro y San Pablo, aún se encuentran numerosas huellas de las fortificaciones romanas. Desde hace más de 2 000 años San Apollinaris protege este lugar desde las alturas. Construido en el siglo XIX por el maestro especialista en catedrales Zwirner, esta construcción se parece a la Catedral de Colonia.

Old bridge towers
Antiguos torres del puente

St. Peter and Paul's parish church
Iglesia Parroquial de San Pedro y San Pablo

Fantastic Location – the "ROLANDSBOGEN"

"Roland's Arch" – a place made for a sad, romantic Rhine myth. The knight Roland and his beloved Hildegund were unable to be together because fortune was unkind to them. All the more reason for today's visitors to consider themselves extremely lucky when they look upon the magnificent panorama before them, from the vantage point above the Rhine valley. The Island of Nonnenwerth appears near enough to reach out and touch.

Castillo de ROLANDSBOGEN – Un lugar de fábula

Ese esta una plaza hecha a medida de una saga renana dramática y romántica a la vez. La famosa fábula de los Nibelungos dice que el destino no quiso que un noble caballero y su amada Hildegund pudieran disfrutar de su amor. Bastante más feliz se sienten hoy los visitantes, cuando descubren el grandioso panorama sobre el Valle del Rin que se despliega desde el mirador. La isla Nonnenwerth parece al alcance de la mano.

Green Reflection – NONNENWERTH ISLAND – SIEBENGEBIRGE

Franz Liszt spent pleasant days on Nonnenwerth, an island of seclusion. The old Liszt plane tree reminds of the famous composer and stands near the Baroque convent building, originating from the 12th century. A grammar school (Gymnasium) for girls and boys is associated with the present day Franciscan cloister. Definitely a good place to learn in peace, especially as visitors can reach the island by appointment only!

The "Siebengebirge" (seven mountains), the first nature conservation area to be established in Germany, has provided proof of an early awareness for unique natural landscapes since 1923. Its mountain range was initially used by the Romans to build the boundary wall and was later quarried to build, among other things, Cologne Cathedral. The Prussian government finally brought this activity to an end in 1836 by purchasing the hilltop of the "Drachenfels" (Dragon Rock). Today the "Siebengebirge" is a real invitation for ramblers. Fantastic walks between forests and romantic wine villages invite you to take a stroll, along which old monasteries and castle ruins tell of love, war and passion.

La isla NONNENWERTH y la cordillera Siebengebirge – Regreso a las verdes praderas

El compositor Franz Liszt pasó en Nonnenwerth días inolvidables. Se trata de una isla algo apartada. El viejo plátano bautizado con el nombre de Liszt recuerda al afamado compositor, y se encuentra cerca del Convento barroco, cuyos orígenes se remontan al siglo XII. Junto al actual Convento de Franciscanas se halla el instituto Gymnasium para chicos y chicas. Se puede afirmar con rotundidad que se trata de un buen lugar para estudiar tranquilamente, de hecho la isla no se puede visitar sin antes reservar.

La cordillera Siebengebirge fue declarado en 1923 el primer Parque Natural Protegido de Alemania, gracias a los primeros naturalistas con conciencia ecológica que detectaron su naturaleza única. Las cimas fueron explotadas primero por los romanos para construir las estrategias defensivas del Limes y después entre otras construcciones para levantar la Catedral de Colonia. En 1836 el gobierno prusiano puso fin a esta actividad, comprando la cima de la roca Drachenfels. Actualmente la cordillera Siebengebirge invita a pasear entre bosques frondosos y románticos lugares vitivinícolas, rodeados de antiquísimas ruinas de Conventos y Castillos, que nos cuentan de amores, luchas y pasiones que marcaban la vida en tiempos pasados.

Legend of the Nibelungen and Living Dragon – KÖNIGSWINTER – DRACHENFELS

Königswinter's longstanding tradition as a tourist town has survived to this day. Through the alleys of the historic Rhine town, flanked by beautifully decorated half-timbered buildings, the 18th century parish church of St. Remigius, colourful souvenir shops and old hotel restaurants, the path often leads to the foot of the "Drachenfels", the town's famous landmark – "dragon Rock". Germany's oldest rack railway, built in 1883, also leads there. But a real crowd puller, romantic and close to

KÖNIGSWINTER Y DRACHENFELS – La saga de los Nibelungos y de los dragones vivos

La larga tradición como lugar turístico continúa definiendo la vieja ciudad de Königswinter. A pie por sus estrechas callejuelas de la histórica ciudad del Rin, flanqueado por las bellas casas de fachadas entramadas, la Iglesia Parroquial de San Remigio del siglo XVIII, las vistosas tiendas de souvenir y el antiguo Hotel-Restaurante, el camino nos lleva a la colina del Drachenfels, el verdadero icono de la ciudad. También se puede acceder a este vistoso lugar a través del funicular más antiguo de Alemania, que procede concretamente del año 1883. Sin embargo, lo más romántico y ecológico es subir a lomos de una auténtica "mula de carga", es decir en burro. El pabellón de los Nibelungos, a medio camino, guía a los visitas entre cuadros de la saga de los Nibelungos, a través de oscuros pasillos hasta la presencia de un dragón de piedra. Este dragón cobra forma viva en el reptilario adyacente. A una distancia próxima se halla un castillo típico de un cuento de hadas: Schloss Drachenburg. Además de numerosas exposiciones específicas, merece la pena mirar detenidamente las

Nonnenwerth Island – *Isla Nonnenwerth*

Drachenfels – *La roca Drachenfels*

Drachenburg Castle
Palacio Drachenburg

nature, is still the climb on a donkey. The Nibelungen Hall, situated half way up, not only guides visitors past paintings of the legend of the Nibelungen, the three water maidens, but also through a dark passageway to a stone dragon. The dragon then comes alive in the adjacent reptile zoo. Nearby lies the fairytale like Drachenburg Castle. Apart from numerous special exhibitions, the monumental wall and ceiling paintings and artistic glass paintings can be admired.

Unlike the peak of the Drachenfels, where only the ruins of the Trutzburg built around 1140 remain. The view from the terrace of the Panorama Café sweeps far across the Rhine Valley, to the adjacent Petersberg, the Federal Government's guesthouse.

pinturas de pared y techo así como las maravillosas vidrieras.

Sin embargo, en la cumbre de la roca Dachenfelsen únicamente podremos ver los restos de la torre de defensa levantada en 1140. Admirando el panorama sobre el valle del Rin desde la terraza del café Panorama, hasta el monte contiguo Petersberg, la Hostería del Gobierno Federal.

Drachenfels Ruins ▸
Ruina Drachenfels

Godesburg Castle
Godesburg

First Class Address Outside Bonn's Gates – BAD GODESBERG

The town is not quite able to come to terms with its incorporation within Bonn. After all, it has all the attributes of a perfectly elegant spa town steeped in history. Bad Godesberg is a good place to live, especially as the beautiful "Gründerzeit" villas emphasise the first class, green address outside Bonn's gates.

A "Kurfürst" (Prince Elector), whose health was took particu-

BAD GODESBERG – Un buen destino junto a las puertas de Bonn

Parece ser que esta ciudad no se siente cómoda con su incorporación en el municipio de Bonn. Y es que cuenta con todos los atributos de una villa histórica y elegante dedicada a las aguas termales. En Bad Godesberg se vive muy bien, así lo atestiguan las numerosas villas de los tiempos de los pioneros, que confirman la belleza de este bonito lugar en la antesala de Bonn.

Un Príncipe Elector muy preocupado por su salud encargó construyeran la fuente de Draitschbrunnen, así como los extensos parques

lar care with his health had the Draitsch wells relined and extensive parks with guesthouses and bathing houses built. The Godesberger Redoute, part of this spa district built in 1790, still represents the refined lifestyle and bathing style of that age. As in times gone by, high-class banquets and receptions are still held here today, at which official guests of the state and diplomats of the former capital of Germany are welcomed in elegant surroundings. The castle cemetery of St. Michael's Chapel, part of North Rhine-Westphalia's cultural heritage, below Godesburg Castle, impresses visitors with its elaborately designed graves. For a long time, Godesburg was the favourite resident of Cologne's archbishops, until the religious dispute during the Reformation surrendered the castle to rack and ruin. Yet from the Burgfried, during the summer it is still possible to feel and understand why this place was so popular among the Prince Electors.

y los edificios para alojar a los visitantes de las aguas termales. Todavía hoy se pueden ver en Godesberg restos de un Redoute de 1790, una parte del barrio termal fiel reflejo del estilo de vida y de los baños que imperaban en aquella época. Al igual que entonces, actualmente también se organizan fiestas de alto copete, con mandatarios, dignatarios y diplomáticos de la antigua capital alemana, dentro de un marco muy elegante. El cementerio de la capilla de San Miguel, que pertenece al legado cultural de Renania del Norte-Palatinado occidental, emplazado en la parte baja de Godesburg, impresiona por los diseños de sus tumbas. Durante mucho tiempo Godesburg fue la sede preferida de los Arzobispos de Colonia, hasta que durante la reforma religiosa se destruyera el castillo. Desde la torre se puede comprobar por qué este castillo era el elegido por los Príncipes Electores, sobre todo en verano.

"Redoute" assembly rooms – ***Casa termal "Redoute"***

Market square
Plaza del mercado

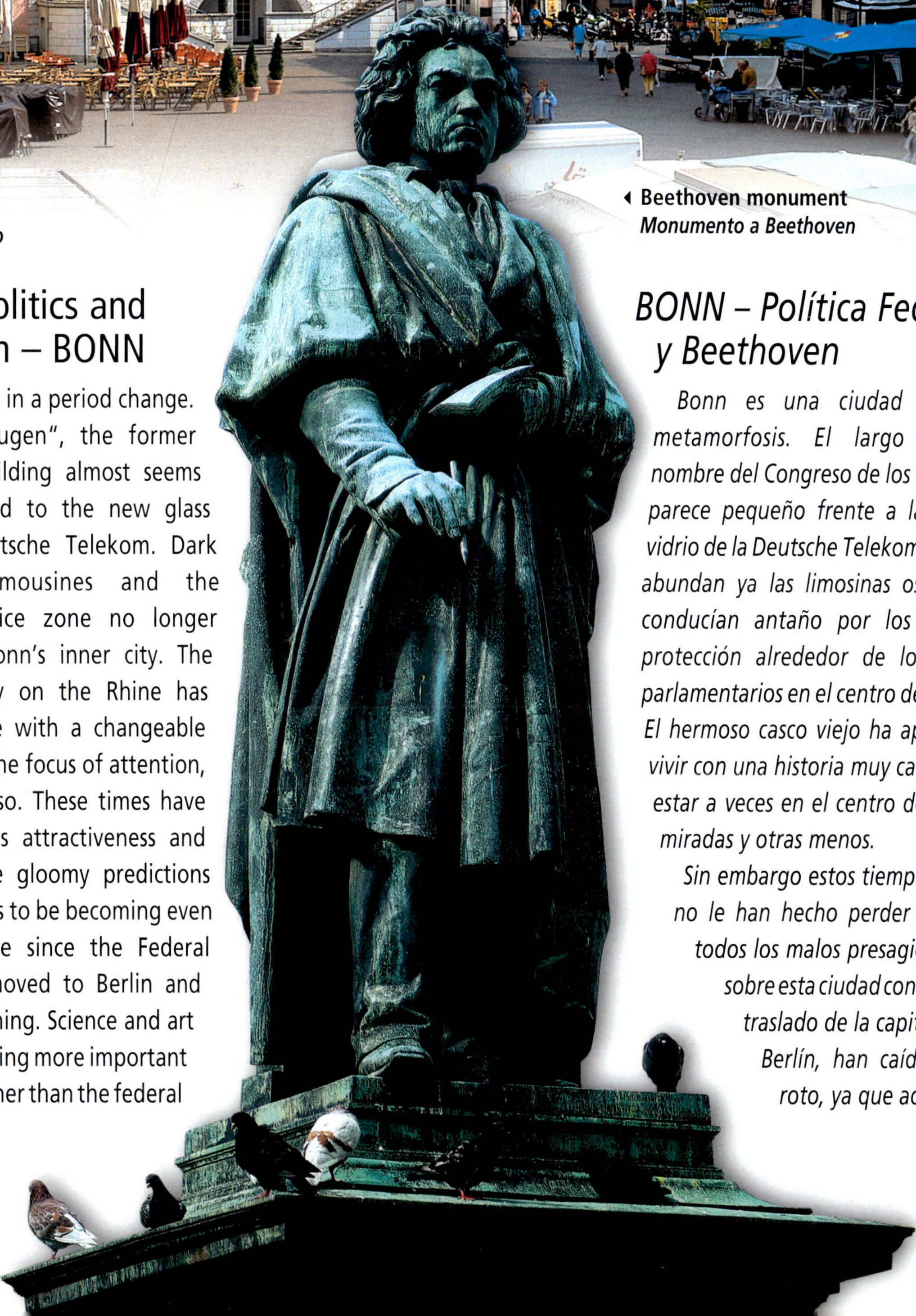

◂ **Beethoven monument**
Monumento a Beethoven

Federal Politics and Beethoven – BONN

Bonn is a city in a period change. The "lange Eugen", the former parliament building almost seems small compared to the new glass tower of Deutsche Telekom. Dark diplomats' limousines and the protected police zone no longer characterise Bonn's inner city. The pretty old city on the Rhine has learned to live with a changeable history- to be the focus of attention, and then less so. These times have not harmed its attractiveness and despite all the gloomy predictions the city appears to be becoming even more attractive since the Federal Government moved to Berlin and is really flourishing. Science and art are now becoming more important once again, rather than the federal

BONN – Política Federal y Beethoven

Bonn es una ciudad en plena metamorfosis. El largo "Eugen", nombre del Congreso de los Diputados, parece pequeño frente a la torre de vidrio de la Deutsche Telekom. Tampoco abundan ya las limosinas oscuras que conducían antaño por los viales de protección alrededor de los edificios parlamentarios en el centro de la ciudad. El hermoso casco viejo ha aprendido a vivir con una historia muy cambiante, a estar a veces en el centro de todas las miradas y otras menos.

Sin embargo estos tiempos pasados no le han hecho perder encanto y todos los malos presagios vertidos sobre esta ciudad con motivo del traslado de la capitularidad a Berlín, han caído en saco roto, ya que actualmente

Theatre – *Teatro*

politics which shaped the city from 1949. Ludwig van Beethoven would certainly have been pleased. He is Bonn's most famous and greatest sons and can be found in many places. The Beethoven house in the old part of the city where the son of a family of musician first saw the light of day in 1770, is now a much visited museum. The international Beethoven festival sets the tone each year in the city's cultural life and the orchestra of the Beethoven Hall feels especially attached to the work of the great composer.

Ludwig van Beethoven grew up in a city which still radiated the splendour of the Prince Elector Clemens August. It was he who designed Bonn as a residence city with castles, gardens and avenues. The magnificent electoral palace, the more intimate Poppelsdorfer Schloss and even the old town hall, which with its beautiful Baroque design today shines as the symbol of the city at the market square, are an expression of a monarch who loved splendour. Later King Friedrich Wilhelm III advanced enlightenment in Bonn, founded the famous university and left behind clear evidence of his presence as a sponsor

Bonn resulta aún más atractiva y contemporánea. Frente a la regencia que la política federal ejerció sobre esta ciudad, en nuestros días han ganado peso el arte y las ciencias. Seguramente a Ludwig van Beethoven le hubiera gustado mucho esta evolución. Él es el gran hijo predilecto de Bonn y está presente en muchos rincones de la ciudad. La casa paterna, ubicada en la parte antigua, donde vio la luz en el seno de una familia de músicos en 1770, es hoy un museo muy frecuentado por los turistas. La Fiesta Internacional de dedicada a Beethoven marca cada año la vida cultural de la ciudad y la orquesta del Auditorio de Beethoven continua siendo fiel a la obra de este genial compositor. Ludwig van Beethoven creció en una ciudad en la que aún relucía el Príncipe Elector Clemens August. Fue este regente el

Beethoven's house
Casa de Beethoven

Münsterplatz with Beethoven monument
Plaza de la Catedral y Monumento a Beethoven

Bonner Münster – *Catedral de Bonn*

of music. Bonn's tradition as a theatre city stretches back to 1826.

Anyone who knows that the Rhinelanders are an independent people with their very own character, understands that despite the period of major international politics, Bonn always remained a pleasant, friendly and genuine Rhine city. Not a mega city with capital city claims, but a lovable city with a good quality of life and high value as a place of leisure and relaxation, which can be particularly enjoyed in the Rhine meadows. Bonn has reoriented itself and focused attention on its historic strengths as a place of science, free thought and culture. The museum mile

Münsterplatz – ***Plaza de la Catedral***

promotor de castillos, jardines y grandes avenidas que decoran esta ciudad. El elegante Palacio de los Príncipes Electores, el Castillo Poppelsdorfer algo más íntimo y el antiguo Ayuntamiento, baluarte actual de la ciudad en la plaza del mercado en un estilo barroco bellísimo, son todos ellos monumentos que reflejan la suntuosa vida de los monarcas. Después sería el Rey Federico Guillermo III, quien introduciría la Ilustración en Bonn, fundaría la famosa Universidad y dejaría su impronta también en la música como mentor. En lo referente al teatro, la tradición de Bonn se remonta a 1826. Todo

Sterntor Gate – ***Portón de la estrella***

Bonn – University
Bonn – Universidad

meets world standards and not only fascinates with unusual architecture but also with numerous first class exhibitions of international rank. Among others the Museum König, the Akademische Kunstmuseum, the Rheinische Landesmuseum and the August-Macke-Haus are well worth a mention here.

Bonn, the first UN city in Germany, uses the former parliament and assembly locations as a platform for major congresses and conferences. Modern and open minded – nevertheless a place with an over 2.000 – year old history. So a visit to the old Minster and down into the crypts to the roots of the city's history are necessary to really get to know it – Bonn has much more to offer than Federal politics and Beethoven.

aquel que sea consciente de que los renanos forman un nación propia, también sabrán reconocer que Bonn al margen de la grandilocuencia de la política internacional, continua siendo una ciudad renana cómoda y noble. No se trata de una metrópoli con pretensiones de capital, sino una ciudad vital y entrañable con una alta cuota de libertad y relax, especialmente junto al Rin. Bonn tiene una nueva dimensión y ha apostado fuerte por su vertiente histórica, como hogar de la Ciencia, el libre pensamiento y la cultura en general. La milla de los museos tiene un nivel internacional y un arquitectura transgresora, además de numerosas exposiciones de rango mundial. Los museos más importantes son por este orden, el Museo König, Museo Académico del Arte, Museo del Land Renania así como la casa de August-Macke. Bonn, primera ciudad de la ONU en Alemania, aprovecha las antiguas infraestructuras de reunión y parlamentariado como plataforma para organizar grandes eventos, como congresos y jornadas, de mentalidad abierta y moderna y ser así sede del diálogo internacional. No obstante, esta es una ciudad con más de 2000 años de historia, y quien desee conocerla bien, deberá visitar también la antigua catedral y bajar a la cripta a las raíces de la historia de la ciudad. Y es que Bonn tiene mucho más que ofrecer que política federal y Beethoven.

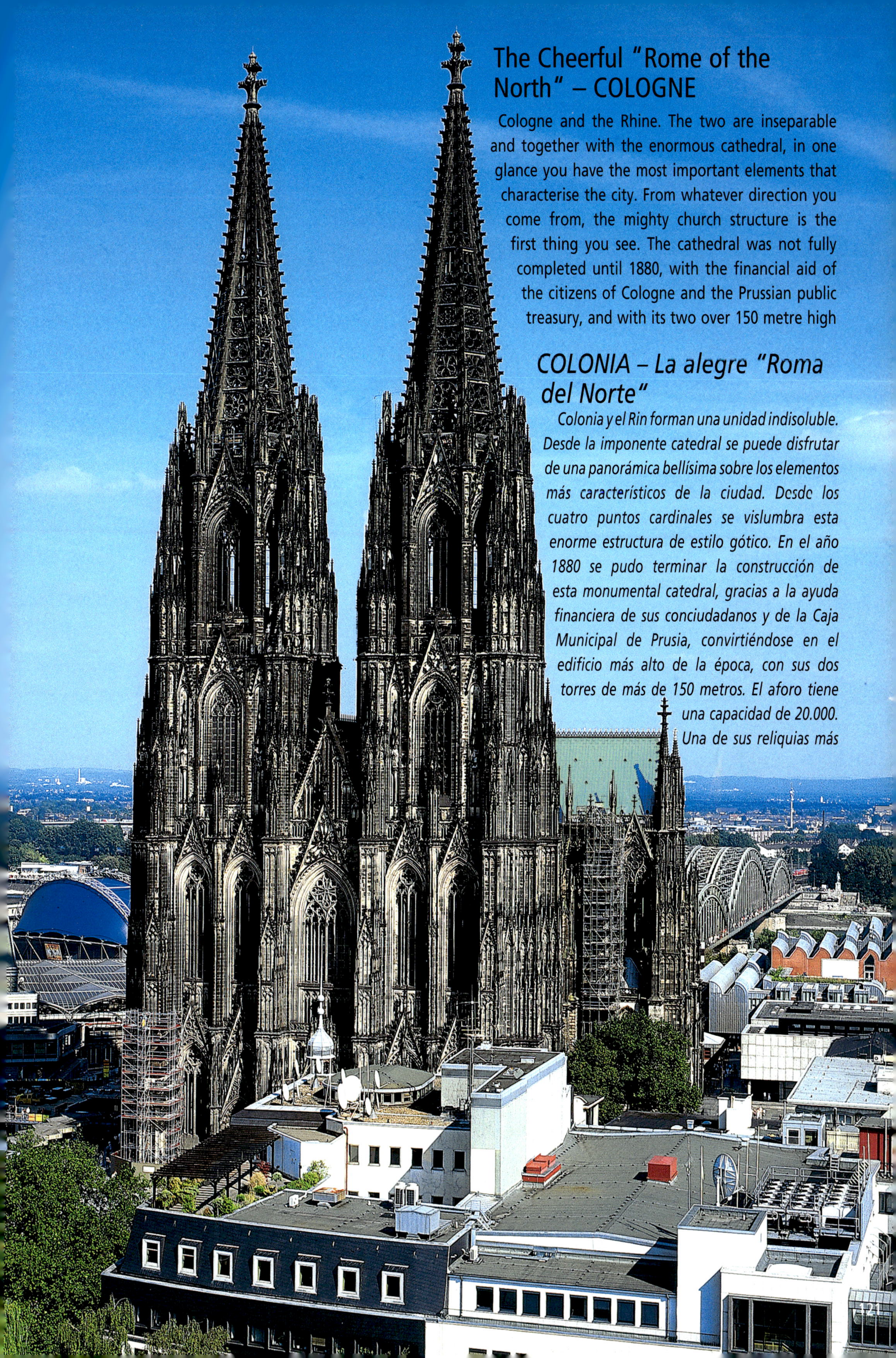

The Cheerful "Rome of the North" – COLOGNE

Cologne and the Rhine. The two are inseparable and together with the enormous cathedral, in one glance you have the most important elements that characterise the city. From whatever direction you come from, the mighty church structure is the first thing you see. The cathedral was not fully completed until 1880, with the financial aid of the citizens of Cologne and the Prussian public treasury, and with its two over 150 metre high

COLONIA – La alegre "Roma del Norte"

Colonia y el Rin forman una unidad indisoluble. Desde la imponente catedral se puede disfrutar de una panorámica bellísima sobre los elementos más característicos de la ciudad. Desde los cuatro puntos cardinales se vislumbra esta enorme estructura de estilo gótico. En el año 1880 se pudo terminar la construcción de esta monumental catedral, gracias a la ayuda financiera de sus conciudadanos y de la Caja Municipal de Prusia, convirtiéndose en el edificio más alto de la época, con sus dos torres de más de 150 metros. El aforo tiene una capacidad de 20.000. Una de sus reliquias más

Cologne – Panoramic view of the Rhine
Colonia – Panorámica sobre el Rin

Cathedral and Hohenzollern Bridge
Catedral y Puente de Hohenzollern

Cathedral and Gross St. Martin church
Catedral y San Martín

towers was the tallest building in the world. It can hold a good 20.000 people inside it, in which the remains of the Three Holy Kings rest in the golden shrine. They represent one of the most important relics and places of pilgrimage of Christianity. The uniqueness of the cathedral and a convincing maintenance plan made it a world heritage site – and more: it is on the "red list" of particularly endangered buildings.

Built to in honour of Emperor Wilhelm I, the iron Hohenzollern Bridge with its four bronze equestrian statues of famous Hohenzollern rulers leads directly to the choir side of Cologne Cathedral.

Not far away the original old city begins, with its pleasant

estimadas son los restos mortales de los Tres Reyes Magos de Oriente, ya que se trata de una de las reliquias cristianas más importantes recogidas en un santuario. La singularidad de esta catedral así como el efectivo plan de conservación y mantenimiento se premió con la declaración de Patrimonio Cultural Mundial, ya además esta catedral figura en la "lista roja" de los objetos a preservar en caso de peligro. En honor al Emperador Guillermo I se levantó el puente de hierro de Hohenzollern con sus cuatro estatuas ecuestres del famoso mandatario de la casa Hohenzollern, emplazados

squares such as the "Alter Markt" or "Heumarkt" (old market and haymarket), in which a tight maze of alleys and narrow colourful old city buildings with pointed gables create a relaxed ambience. After a visit to one of

directamente en el coro de la catedral de Colonia.

No lejos de aquí comienza la parte vieja, con sus simpáticos mercados como el "antiguo" o el "Heumarkt", en el que las callejuelas abigarradas y llenas de bullicio con sus estrechas casitas antiguas multicolores, con fachadas puntiagudas propician un ambiente muy agradable.

Cathedral – Nave
Catedral – Langhaus

Cathedral – Three Kings' Shrine
Catedral – Dreikönigenschrein

Dom – Portal
Catedral – Portal

▲ **Dom – Detail of St. Peter's portal**
Catedral – Detalle del portal de San Pedro

Cathedral – South side
Catedral – Cara Sur

Old market with town hall tower
Mercado antiguo y Torre del Ayuntamiento

Old city with cathedal and Groß St. Martin church
Casco viejo, Catedral y la Iglesia de San Martín El Grande

the many Kölsch breweries, it is worth taking an extensive shopping spree along Hohe Straße and Schildergasse.

Much in the city has been carefully restored in an exemplary manner, for example the Gothic Rathaus tower or the large St. Martin's, whose massive church tower enriches the city scenery. This and much more still indicates the enormous importance of Cologne to this day. The "Rome of the North", as Cologne is often called due to its large number of monasteries, convents,

Tras una breve visita a las Cervecerías Kölsch, merece la pena perderse entre calles comerciales desde la calle alta Hohe Strasse y la callejuela Schildergasse.

Hay muchos monumentos de esta ciudad que han sido restaurados de forma ejemplar y con mucho gusto, como por ejemplo la torre gótica del ayuntamiento o la Iglesia de San Martín, cuya enorme torre impregna el relieve de esta ciudad. Por todo ello y mucho más, Colonia sigue teniendo una enorme importancia. En la "Roma del Norte" como les

Old market with Jan-von-Werth monument
Mercado antiguo con monumento a Jan-von-Werth

Museum Ludwig
Museo de Ludovico

churches and religious institutions, has managed to retain 12 large and 13 small Romanesque church buildings. It is not rare for witnesses of early settlement history to have been found in excavations, which then found a new home in the Roman-Germanic Museum and in the Zeughaus (arsenal).

As an art and museum city Cologne is a real treasure chest – the Wallraf-Richartz-Museum, Museum Ludwig or the Käthe Kollwitz Museum – justice is done to each art movement here. The philharmonic concert hall with

gusta decir a los habitantes de Colonia, por sus numerosos claustros, iglesias y conventos, se conservan 12 construcciones de estilo románico de grandes dimensiones así como 13 menores. En las excavaciones a menudo se hallaron restos de asentamientos anteriores, que fueron a integrar el arsenal del Museo Románico-Germánico.

La ciudad de Colonia atesora una verdadera colección de notabilísimos museos, el Museo Wallraf-Richartz, el Museo Ludwig o el Museo de Käthe Kollwitz. Todos ellos son una muestra de que esta ciudad cubre cualquier expresión artística. Para los amantes de la música, la filarmónica ofrece una acústica fantástica para conciertos de pop u otros eventos organizados dentro del Lanxess Arena, con un

Cathedral and Hohenzollern Bridge
Catedral y puente de Hohenzollern

Cathedral and main railway station
Catedral y Estación Central

Severinstor Castle
Castillo de la puerta de San Severino

Hahnentor Castle
Castillo de la puerta de los Gallos

Eigelsteintor Castle
Castillo de la puerta de Eigelstein

its fantastic acoustics is available for extensive musical enjoyment, the Lanxess Arena has space for an audience of 18.000 for large pop concerts and other events. A diverse support programme is on offer for sports fans, which ranges from first class American football to basketball and ice hockey through to football.

Yet this city is not only characterised by culture and sport but also buoyant cheerfulness and a feeling for wittiness and humour are also part of its nature, which reach their climax each year during carnival. Not only for the "Jecken" (carnival clowns) but also for people who want to experience the Rhenish soul, the Cologne lifestyle and its sympathy, Cologne is the city with over a million inhabitants but is still "met Hätz" (full of heart).

aforo de 18.000 personas. Para los aficionados al deporte se puede elegir entre una variedad de deportes muy extensa, desde los encuentros de fútbol americano de primer nivel, pasando por baloncesto y hockey sobre hielo. No obstante, no sólo la cultura y el deporte distinguen a esta ciudad, sino también la alegría y el sentido del humor son característicos de la personalidad de sus gentes, que se pone de manifiesto especialmente cada año en carnaval. Pero no sólo para bromear en fiestas, sino durante todo el año esta ciudad de alma renana y estilo de vida "kölsch", que defiende el axioma "vive y deja vivir", desborda simpatía. Por algo se le llama la ciudad de millones de habitantes "con corazón".

Lanxess Arena

St. Apostle's Church
La Iglesia de los Santos Apóstoles